Efecto viral

ESTUDIOS DEL BANCO MUNDIAL SOBRE AMÉRICA LATINA Y EL CARIBE

Efecto viral: COVID-19 y la transformación acelerada del empleo en América Latina y el Caribe

Guillermo Beylis, Roberto Fattal Jaef, Michael Morris, Ashwini Rekha Sebastian y Rishabh Sinha

GRUPO BANCO MUNDIAL

1818 H Street NW, Washington, DC 20433
Teléfono: 202-473-1000; sitio web: www.worldbank.org

1 2 3 4 23 22 21 20

ISBN (impreso): 978-1-4648-1638-3
ISBN (electrónico): 978-1-4648-1642-0
DOI: 10.1596/978-1-4648-1638-3

Imagen de la portada: © Alfred Pasieka/Science Photo Library. Reproducida con el permiso de Alfred Pasieka/Science Photo Library. Para volver a utilizar la imagen se requiere autorización adicional.
Diseño de la portada: Bill Pragluski, Critical Stages, LLC.
Traducción al castellano: Sara Horcas-Rufián.

Número de control de la Biblioteca del Congreso: 2020945969.

Contenidos

Prólogo *ix*
Agradecimientos *xi*
Acerca de los autores *xiii*
Abreviaciones *xv*

Introducción 1
Análisis de la transformación estructural 2
Implicancias para la política económica 5
Notas 6
Referencias 6

1 ¿Qué es la transformación estructural? 7
¿Qué impulsa la transformación estructural? 10
Conclusiones 22
Notas 24
Referencias 24

2 La productividad en la región de América Latina y el Caribe: una visión sectorial 27
La productividad en la agricultura 29
La productividad en la industria y los servicios 41
Haciendo balance: las posibilidades de aumentar la eficiencia en la asignación de recursos y el ritmo esperado del cambio estructural 46
Conclusiones e implicancias de política 50
Notas 53
Referencias 53

3 Transformación económica, habilidades y el futuro del trabajo ... 57
El mercado laboral ya está cambiando ... 59
Perspectivas de futuro: automatización, tareas y habilidades ... 74
Perspectivas de futuro: plataformas digitales y la naturaleza del trabajo ... 88
Conclusiones e implicancias de política ... 90
Notas ... 92
Referencias ... 92

4 Conclusiones ... 95
Transformación estructural: pasado y futuro ... 95
Perspectivas de futuro ... 97
Referencias ... 99

Cuadros

1.1 Cómo medir la transformación estructural ... 8
2.1 ¿Beneficia el cambio tecnológico por igual a pequeñas y grandes explotaciones agrícolas? Evidencia de México ... 35
3.1 ¿Qué hacen los trabajadores? ... 66
3.2 Cuando la automatización crea puestos de trabajo ... 76

Gráficos

1.1 Transformación estructural por sector, países seleccionados de ALC y resto del mundo ... 9
1.2 Patrones de industrialización en la región de ALC y países de ingresos altos ... 14
1.3 Participaciones del valor agregado y el empleo: países seleccionados de ALC, 1950-2010 ... 15
1.4 Nivel total absoluto de empleo por sector: países seleccionados de ALC, 1950-2010 ... 18
1.5 Desindustrialización prematura: región de ALC (promedio), 1950-2010 ... 19
1.6 Precios relativos y consumo real per cápita: región de ALC (promedio), 1950-2010 ... 20
1.7 Asignación de la mano de obra en la industria manufacturera: países seleccionados de ALC, 1950-2010 ... 21
2.1 Productividad sectorial por trabajador en la región de ALC con relación a la de Estados Unidos: países seleccionados, 2010 ... 28
2.2 Producción agrícola y crecimiento de la PTF: región de ALC, 1981-2014 ... 30
2.3 Correlación entre el crecimiento de la producción y el crecimiento de la PTF: países de ALC, 2001-14 ... 31
2.4 Descomposición del crecimiento: América Latina por región y Estados Unidos, 2005-14 ... 31
2.5 Relación entre el valor agregado y el empleo en la agricultura: países seleccionados de ALC, 2017 ... 32
2.6 Fuentes del crecimiento de la productividad agrícola ... 33
2.7 Histograma de eficiencia metatécnica, Perú por región ... 34
2.8 Eficacia del crecimiento en diferentes sectores para reducir la pobreza ... 41
2.9 Crecimiento de la productividad laboral en los sectores industrial y servicios: América Latina y Estados Unidos, 1950-2010 ... 43
2.10 Productividad laboral en el sector servicios con relación al sector industrial: América Latina y Estados Unidos, 1950-2010 ... 43

2.11 Índice de Restricción del Comercio de Servicios, países seleccionados de ALC 51
2.12 Índice de Desempeño Logístico y sus componentes: 16 países de ALC con relación al mejor desempeño 52
3.1 Desarrollo de las ocupaciones de bienes y servicios, ALC y resto del mundo 60
3.2 Evolución del contenido de tareas en los puestos de trabajo (cambio promedio): 11 países de ALC, 2000-14 68
3.3 Evolución del contenido de tareas en los puestos de trabajo del sector industrial: 11 países de ALC, 2000-14 69
3.4 Descomposición del contenido de tareas en el sector industrial: 11 países de ALC, 2000-14 71
3.5 Evolución del contenido de tareas en los puestos de trabajo del sector servicios: 11 países de ALC, 2000-14 72
3.6 Distribución de la automatibilidad entre distintas metodologías, Chile 82
3.7 Distribución de la automatibilidad entre distintas metodologías, Colombia 84
3.8 Distribución de la automatibilidad entre distintas metodologías, Bolivia 85
3.9 Riesgo de automatización por país de ALC, basado en cuatro metodologías 86
3.10 Riesgo de automatización por características seleccionadas, región de ALC 88

Tablas

2.1 Asignación ineficiente en la industria manufacturera, en países en desarrollo y países desarrollados seleccionados 45
3.1 Reasignación de las ocupaciones dentro de los sectores durante el proceso de desarrollo 61

Prólogo

América Latina y el Caribe es la región del mundo más afectada por la pandemia de COVID-19, con un impacto económico y de salud tan fuerte como en los países avanzados, pero sin medios comparables para apoyar la actividad económica y el empleo. Es un escenario complejo, doloroso, en el que millones de personas padecen a diario las dificultades que atraviesa la región y sus consecuencias devastadoras sobre el mundo del trabajo.

La pandemia y la crisis económica asociada a ella no solo han creado nuevos desafíos para la región, además han expuesto y, tristemente, profundizado algunos desafíos ya existentes. Un mercado laboral y un sistema de protección social segmentados han logrado proteger los empleos y salarios de muchos trabajadores formales y al mismo tiempo han dejado desprotegidos a los muchos trabajadores del sector informal que ahora deben enfrentar riesgos sanitarios para generar los ingresos necesarios para mantener a sus familias.

En *Efecto viral: COVID-19 y la transformación acelerada del empleo en América Latina y el Caribe*, los autores indagan sobre las tendencias subyacentes que estaban transformando el mercado laboral aun antes de la pandemia. Desafortunadamente, la crisis económica asociada con esta ha acelerado estas tendencias, anticipando el futuro y, consecuentemente, haciendo más urgente la necesidad de reformas económicas que promuevan la creación de más y mejores empleos.

Por un lado, esto requiere que la región logre dar un salto de productividad. Será necesario invertir en infraestructura inteligente, adoptar nuevas tecnologías, promover la competencia y mejorar la calidad de nuestros productos, y eliminar las distorsiones de mercado que impiden el crecimiento de las empresas más productivas. Además, la región se beneficiaría de aumentar el comercio, no solo en bienes, sino especialmente en servicios. El potencial de la región es enorme, pero solo se materializará si aplicamos las políticas correctas.

Por otro lado, la región necesita invertir fuertemente en desarrollar el capital humano de su fuerza de trabajo. Los trabajos del futuro requerirán habilidades y capacidades distintas. Entonces, debemos preparar a nuestra juventud invirtiendo más y mejor en nuestras escuelas y universidades. Pero también debemos invertir en programas de entrenamiento y reinserción laboral para los adultos que han perdido sus empleos.

Por último, el informe enfatiza además la necesidad de repensar las reglamentaciones laborales, de manera que estimulen la creación de puestos de trabajo y fomenten la formalización laboral. Dados los altos niveles de informalidad y con las tendencias laborales que indican una expansión del trabajo independiente y casual, es necesario no solo expandir el empleo, sino hacerlo de tal modo que los beneficios de la protección social abarquen a segmentos más amplios de la población.

Uno de los mayores desafíos que enfrenta América Latina —quizá el mayor— es crear nuevas fuentes de trabajo en el entorno de los cambios sectoriales y de la evolución tecnológica que nos toca vivir. Los gigantescos costos económicos y sociales de la pandemia han acelerado la transformación del mercado laboral y vuelven este desafío más urgente. Pero ese camino de inclusión a través del empleo es ineludible si queremos sociedades más equitativas. Esa será la medida del éxito.

Carlos Felipe Jaramillo
Vicepresidente regional para
América Latina y el Caribe
Banco Mundial

Agradecimientos

Esta obra ha sido elaborada por un grupo de trabajo dirigido por Guillermo Beylis. El equipo principal también estaba formado por Roberto Fattal Jaef, Michael Morris, Ashwini Rekha Sebastian y Rishabh Sinha. El equipo recibió la inestimable asistencia en investigación prestada por Julián Eduardo Díaz Gutiérrez y María Ignacia Paz Cuevas de Saint Pierre. El trabajo se llevó a cabo bajo la dirección general de Carlos Vegh, execonomista jefe para la región de América Latina y el Caribe del Banco Mundial, y Martín Rama, actual economista jefe para la región de América Latina y el Caribe, con aportes sustanciales de Daniel Lederman, execonomista jefe adjunto para América Latina y el Caribe, y Elena Ianchovichina, actual economista jefa adjunta para América Latina y el Caribe.

La preparación de los documentos de referencia estuvo a cargo de Guillermo Beylis, Julián Eduardo Díaz Gutiérrez, Roberto Fattal Jaef, Steven Helfand, María Ignacia Paz Cuevas de Saint Pierre y Rishabh Sinha. Estamos muy agradecidos por sus contribuciones originales y sobresalientes, así como por las numerosas y valiosas conversaciones en las que participaron.

El equipo tuvo la suerte de recibir excelentes consejos y la orientación de tres distinguidos revisores: Jorge Araujo, Ernesto López-Cordova y Richard Rogerson. Aunque el equipo quiere expresar su agradecimiento por la orientación recibida, cabe señalar que los revisores no son responsables de los errores, omisiones o interpretaciones que puedan haber pasado desapercibidos. Asimismo, se reconocen con agradecimiento los conocimientos adicionales de Rita Almeida, Samuel Pienknagura, Marc Schiffbauer, Francisco Carneiro, Oscar Calvo-González y otros participantes de un taller celebrado el 3 de abril de 2018.

Sabra Ledent fue la editora. Patricia Katayama (editora de adquisiciones), Mary Fisk (editora de producción) y Orlando Mota (coordinador de impresión) del Programa de Publicaciones Formales del Banco Mundial fueron responsables de la edición, el diseño, la composición tipográfica y la impresión del libro. Por último, pero no por ello menos importante, los autores agradecen a Ruth Eunice Flores y Jacqueline Larrabure por su excelente apoyo administrativo.

Acerca de los autores

Guillermo Beylis es economista e investigador de la Oficina del Economista Jefe para América Latina y el Caribe del Banco Mundial. Se especializa en mercados laborales, con un enfoque en habilidades, género y desigualdad. Ha publicado sobre muchos temas diferentes, incluidos energía, flujos de capital internacional, desigualdad y habilidades. Tiene una maestría y un doctorado en Economía de la University of California, Los Ángeles (UCLA), y una licenciatura y maestría de la Universidad Torcuato di Tella (Buenos Aires, Argentina).

Roberto Fattal Jaef es economista del Equipo de Macroeconomía y Crecimiento del Grupo de Investigación y Desarrollo del Banco Mundial. Sus intereses de investigación incluyen diversas áreas de la macroeconomía, con especial énfasis en el crecimiento económico. Ha publicado en destacadas revistas, como *American Economic Journal: Macroeconomics, Journal of Development Economics* y *Journal of International Economics*. Antes de formar parte del Banco Mundial, trabajó en el Departamento de Investigación del Fondo Monetario Internacional. Tiene un doctorado en Economía de la University of California, Los Ángeles (UCLA).

Michael Morris es economista jefe especializado en agricultura del Banco Mundial, actualmente asignado a la región de América Latina y el Caribe. Realiza investigaciones y participa en la preparación, implementación y evaluación de operaciones crediticias. Sus áreas de especialización incluyen políticas agrícolas, sistemas de comercialización y desarrollo de cadenas de valor, y sistemas de innovación agrícola. Antes de formar parte del Banco Mundial, se desempeñó durante 16 años en el Centro Internacional de Mejoramiento de Maíz y Trigo (CIMMYT) de México. Tiene una licenciatura de Amherst College y una maestría y un doctorado de la Michigan State University.

Ashwini Rekha Sebastian es economista del Banco Mundial, actualmente asignada a la región de América Latina y el Caribe. Trabaja en temas relacionados con la agricultura y los sistemas alimentarios, la conservación del medio ambiente, los medios de vida rurales, el empleo y la reducción de la pobreza. Antes de formar parte del Banco Mundial, trabajó como economista en el equipo de Protección a la Producción (PtoP) de la División de Desarrollo Económico y Social de la Organización de las Naciones Unidas para la

Agricultura y la Alimentación. Anteriormente, colaboró con el Instituto Internacional de Investigación sobre Políticas Alimentarias (IFPRI), lo que incluye investigaciones relacionadas con la migración ambiental y la integración del mercado laboral. Ashwini tiene una licenciatura en Economía y Matemáticas de Bryn Mawr College, una maestría y un doctorado en Economía Agrícola y de Recursos Naturales y una maestría en Economía de la University of Maryland, College Park.

Rishabh Sinha es economista del Equipo de Macroeconomía y Crecimiento del Grupo de Investigación sobre Desarrollo del Banco Mundial. Su interés radica en comprender el papel de la asignación eficiente en la generación de crecimiento económico. Ha estudiado esta relación en diversos entornos, que incluyen temas relacionados con la transformación estructural, la elección ocupacional, el desarrollo financiero, la movilidad intergeneracional y las economías frágiles y afectadas por conflictos. Antes de unirse al equipo de trabajo del Banco Mundial en 2015, Rishabh trabajó en el Banco de la Reserva Federal de Kansas City y en el sector financiero privado. Tiene una maestría en Economía del Indian Statistical Institute (Calcuta, India) y una maestría y un doctorado en Economía de la Arizona State University.

Abreviaciones

ALC	América Latina y el Caribe
ATM	cajero automático
CA-NR	cognitivo-analítico no rutinario
CEDLAS	Centro de Estudios Distributivos, Laborales y Sociales (Universidad de La Plata, Argentina)
CIUO	Clasificación Internacional Uniforme de Ocupaciones
CP-NR	cognitivo-interpersonal no rutinario
CR	cognitivo rutinario
ENHRUM	Encuesta Nacional a Hogares Rurales de México
ENNViH	Encuesta Nacional sobre Niveles de Vida de los Hogares de México
GGDC	Centro de Crecimiento y Desarrollo de Groninga
I+D	investigación y desarrollo
IA	inteligencia artificial
IED	inversión extranjera directa
MF-NR	manual físico no rutinario
MR	manual rutinario
O*NET	Red de Información Ocupacional
OCDE	Organización para la Cooperación y el Desarrollo Económicos
PIACC	Programa para la Evaluación Internacional de las Competencias de Adultos
PIB	producto interno bruto
PPA	paridad del poder adquisitivo

PTF	productividad total de los factores
RBTC	cambio tecnológico con sesgo de rutina
RdM	resto del mundo
SBTC	cambio tecnológico con sesgo de habilidad
SEDLAC	Base de Datos Socioeconómicos para América Latina y el Caribe
SOC	Clasificación Estándar de Ocupaciones de Estados Unidos
STEP	Habilidades para el Empleo y la Productividad
TIC	tecnologías de la información y la comunicación

Introducción

La COVID-19 comenzó como una emergencia sanitaria, pero está evolucionando rápidamente hacia una crisis del empleo. El año 2020 podría ser testigo de la mayor contracción de la actividad económica que ha experimentado la región desde la Gran Depresión. Una menor demanda externa, un período prolongado de cuarentenas y confinamientos, restricciones de liquidez a corto plazo que se convierten en problemas de solvencia para las empresas y, en algunos casos, las crisis financieras están socavando la demanda de mano de obra y poniendo en peligro un número cada vez mayor de puestos de trabajo. El limitado espacio fiscal del que disfrutan muchos países de la región también obstaculiza el apoyo de los Gobiernos a la actividad económica. Todavía existe incertidumbre sobre la gravedad del impacto económico de la pandemia. Sin embargo, el lastre para el empleo en la región podría prolongarse más que la propia pandemia.

La crisis de COVID-19 no solo está afectando al nivel del empleo, sino también a su composición. Diferentes sectores económicos se han visto afectados por cuarentenas y confinamientos a distintos niveles. Los servicios que podían prestarse electrónicamente se han mantenido, e incluso han prosperado, mientras que los sectores que requieren presencia física son los que han tenido mayores dificultades. Las consecuencias también han variado según el tipo de trabajo. Los programas de protección social pueden llegar más fácilmente a los trabajadores del sector formal, que cobran su sueldo a fin de mes, que a los trabajadores del sector informal, que se ganan la vida a diario. Algunos de estos efectos diferenciales pueden disminuir a medida que se contiene la epidemia, pero otros podrían llegar a tener efectos duraderos.

Estos cambios en el nivel y la composición del empleo se están produciendo en una región que ya estaba experimentando una transformación significativa de sus mercados laborales. Durante mucho tiempo se tuvo la esperanza de que América Latina y el Caribe se convirtiera en una región más industrial, en la que el empleo asalariado y la formalidad fueran cada vez más frecuentes. En cambio, las tendencias actuales han incluido una desindustrialización prematura, un nivel de formalidad estancado y un crecimiento constante del empleo independiente.

La globalización y la tecnología quedaron a la zaga de esta transformación de la estructura del empleo en la región, lo que creó la expectativa de que las tendencias continuarían en el tiempo. Sin embargo, la crisis de COVID-19 podría acelerarlas, anticipando el futuro mucho más de lo previsto y posiblemente requiriendo políticas económicas nuevas y mejor adaptadas. Para entender qué se puede esperar y cómo reaccionar, es necesario tener un profundo conocimiento de las tendencias subyacentes y las formas en que estas pueden amplificarse en los próximos años. Este informe analiza cómo ha evolucionado la estructura económica de la región en los últimos años y de qué manera está afectando esta transformación tanto al crecimiento de la productividad como a la naturaleza del empleo.

Tras la llamada Década Dorada (2003-13), en la que se lograron un rápido desarrollo y mejoras sustanciales en los indicadores sociales, el crecimiento económico se había estancado en la mayor parte de América Latina y el Caribe. Durante los escasos años que precedieron a la crisis de COVID-19, el entorno externo ya no proporcionaba vientos de cola para favorecer un repunte económico. La inversión extranjera directa (IED) se había moderado, el comercio se había ralentizado en medio de elevadas tensiones geopolíticas y los precios de los productos primarios se mantuvieron prácticamente estables. La región necesitaba encontrar fuentes internas de crecimiento y centrarse en un programa de reformas dirigido a aumentar la productividad. Dicha necesidad es aún más urgente ahora que la región lidia con las consecuencias de la pandemia y las dramáticas medidas de confinamiento que han adoptado muchos países para evitar la propagación.

Aunque el aumento de la productividad podría parecer un concepto abstracto, en la práctica se traduce en la creación de más y mejores puestos de trabajo. En América Latina y el Caribe el año anterior al brote de COVID-19 fue una época de profundo malestar social. En una decena de países el descontento condujo a la violencia y dejó un número elevado de personas muertas o heridas. Es difícil atribuir este malestar a un único factor, ya sea económico, social o institucional. Las circunstancias políticas específicas de cada país ciertamente jugaron un papel importante. Sin embargo, la frustración por las expectativas no cumplidas parece haber afectado a muchos de los episodios acontecidos. En este contexto, los decepcionantes resultados en materia de empleo solo pueden ser un motivo de preocupación.

Análisis de la transformación estructural

Como punto de partida para comprender los cambios que se están produciendo en el empleo, el informe se centra en la transformación estructural, analiza sus catalizadores y documenta la experiencia de la región[1]. Un hecho estilizado muy conocido es que la importancia de la agricultura en la economía disminuye con el nivel de desarrollo, tanto desde el punto de vista de la participación del empleo como de la participación del valor agregado; al mismo tiempo, aumenta la importancia del sector servicios con el nivel de desarrollo. Quizás sea menos conocido el hecho de que el sector industrial sigue una «forma de joroba» o U invertida, creciendo inicialmente a niveles más bajos de producto interno bruto (PIB) per cápita durante la fase de industrialización y disminuyendo posteriormente a niveles más altos de ingresos durante la fase de desindustrialización.

El presente informe se centra en la desindustrialización prematura que ha experimentado América Latina y el Caribe. Como muestra Rodrik (2016), las economías en desarrollo están entrando en la fase de desindustrialización con niveles más bajos de ingresos per cápita y están alcanzando picos más bajos de participación industrial con relación a los países desarrollados. Esto es preocupante porque en la mayoría de los países el sector industrial tiene el nivel más alto de productividad laboral y la tasa más elevada de crecimiento de la productividad. Cuando se produce una desindustrialización prematura, la mano de obra se aleja del sector industrial hacia sectores de menor crecimiento de la productividad —normalmente, los servicios—, lo que reduce la productividad general de la economía, con consecuencias negativas para el crecimiento del ingreso real y las condiciones de vida[2]. Es posible que los países de América Latina y el Caribe encabecen este proceso.

De este análisis emergen tres características notables[3]. Primero, se observa una heterogeneidad sustancial entre los países de nuestra muestra. Las economías más desarrolladas, Argentina y Chile, han estado desindustrializándose durante décadas. Países como Brasil, Colombia y México muestran un crecimiento muy leve o estancado de su participación en el empleo industrial; Bolivia, la nación menos desarrollada de nuestra muestra, sigue industrializándose. En segundo lugar, el proceso de desindustrialización es más pronunciado en lo que respecta a la participación en el empleo que en la participación en el valor agregado. En tercer lugar, la desindustrialización prematura no implica necesariamente una contracción del sector industrial; el número absoluto de puestos de trabajo en este sector —a diferencia de la participación en el empleo— se ha mantenido bastante estable o incluso ha aumentado en la mayoría de las economías de América Latina y el Caribe.

Por lo tanto, la historia de la desindustrialización de América Latina y el Caribe no es una historia de cierres de fábricas y despidos en masa. Es más bien la historia de un proceso de industrialización estancado en el que el sector industrial no ha podido crecer y crear puestos de trabajo a lo largo del tiempo como lo hizo en las actuales economías desarrolladas. En parte, esta conclusión podría estar relacionada con la historia que subyace a la fase de industrialización en la región de América Latina y el Caribe. La mayoría de los países iniciaron el proceso de industrialización adhiriéndose a las políticas industriales de proteccionismo y los subsidios de la vieja escuela. En la mayoría de los casos, este sector industrial, en su mayor parte protegido, no se integró con éxito en las cadenas globales de valor a medida que la globalización avanzaba. En consecuencia, el sector industrial no pudo crecer, limitado por el tamaño de los mercados nacionales y regionales.

Una cuestión importante es si el patrón de desindustrialización observado es el resultado de distorsiones o ineficiencias en la economía, o si más bien representa la reasignación eficiente de los recursos en respuesta a las circunstancias. Abordar esta cuestión requiere definir un punto de referencia eficiente con el que comparar los patrones observados en los datos. A tal efecto, se utiliza un modelo estándar de transformación estructural. Los resultados muestran que la desindustrialización de la región que se inició en la década de 1980 fue ineficiente. La pérdida de producción implícita fue modesta, pero parece haber importantes distorsiones en el sector, como se refleja en una distribución de empresas por tamaño sesgada; las empresas de la región siguen siendo pequeñas con relación a los estándares internacionales. Este resultado destaca la importancia de revisar las políticas que puedan estar desincentivando el crecimiento de las empresas y alentando la informalidad.

La región se enfrenta a un futuro en el que el sector servicios continuará su expansión y será la principal fuente de creación de empleo. La aparición de nuevas tecnologías que ahorran mano de obra en el sector manufacturero contribuirá a profundizar y acelerar esta tendencia. Al mismo tiempo, la crisis de COVID-19 pone de relieve la heterogeneidad de este sector, ofreciendo perspectivas alentadoras de crecimiento para actividades que pueden operar de forma remota, al tiempo que amenaza a aquellas que dependen en gran medida del contacto personal. Aún es posible recuperar estas últimas si se encuentra una vacuna o un tratamiento eficaz. Sin embargo, el impulso que ha recibido el teletrabajo podría convertirse en una solución más permanente, independientemente de cómo evolucione la pandemia.

Dada esta centralidad del sector servicios, el informe subraya el complejo papel que este desempeña con relación a la productividad, el valor agregado y la creación de empleo. A nivel global, el sector servicios muestra un menor crecimiento de la productividad que el sector industrial. Sin embargo, el sector está compuesto por un conjunto muy diverso de subsectores que difieren significativamente en sus niveles de productividad y tasas de crecimiento e incluso en el uso de mano de obra calificada. En muchos países, algunos subsectores del sector servicios —como las telecomunicaciones, las finanzas y la logística— son más productivos e intensivos en habilidades que la manufactura y comparten cada vez más características favorables al desarrollo, que antes se consideraban exclusivas de la manufactura.

Los rápidos avances en las tecnologías de la información y la comunicación (TIC), y su adopción vertiginosa tras la crisis de COVID-19, facilitan la aparición de sectores de servicios que ya no están limitados por el tamaño del mercado. Cada vez más servicios pueden ser almacenados digitalmente, codificados y comercializados con facilidad (Ghani y Kharas, 2010). Mientras tanto, en los años previos al brote de la epidemia, la desregulación de los mercados de servicios estuvo acompañada de grandes flujos de IED. Por ello, ciertos subsectores del sector servicios se asemejaban cada vez más al sector manufacturero, con exposición al comercio y los flujos de capital, lo que posibilitaba una mayor competencia, difusión tecnológica y beneficios de escala.

Muchos de estos servicios se están convirtiendo en insumos centrales para los procesos industriales y agrícolas, con numerosos encadenamientos hacia adelante con otros sectores y un enorme potencial para mejorar la productividad agregada. Están surgiendo nuevas evidencias que apuntan hacia una «servicificación» del sector manufacturero. Se trata del fenómeno en el que la industria manufacturera aumenta la participación de servicios como insumos en el proceso de producción (servicios incorporados), además de ofrecer más servicios de venta y posventa que se combinan con las ventas de bienes (servicios integrados).

Por lo tanto, el enfoque tradicional de analizar y formular políticas para cada sector de manera independiente se está quedando cada vez más obsoleto. La reducción de las distorsiones en el mercado intermedio de servicios podría tener un impacto importante en el tamaño del sector industrial. Si las distorsiones en el mercado de servicios se redujeran a su mínimo histórico, la participación del empleo en el sector industrial podría aumentar de 2 a 3,5 puntos porcentuales.

La estructura ocupacional también está cambiando *dentro de* amplios sectores económicos. La importancia de las ocupaciones de servicios está aumentando en *todos* los sectores de la economía. Esto está claramente relacionado con el fenómeno de servicificación de la industria manufacturera descrito, pero trasciende los límites de la manufactura. La competencia del mercado y las nuevas tecnologías impulsan el aporte de trabajadores que producen valor agregado intangible, como investigadores, anunciantes, gerentes y diseñadores. Al favorecer el teletrabajo en detrimento de la interacción personal, la epidemia de COVID-19 aumentará aún más la influencia de este grupo.

A medida que las máquinas reemplacen a los humanos en las tareas más simples y rutinarias, y la internet reemplace la interacción personal, los trabajadores tendrán que adaptarse. Deberán aprender a operar a través de plataformas electrónicas y dedicar una mayor parte de su tiempo a tareas más complejas, de orden superior, más difíciles de automatizar y que complementan las tareas que realizan las máquinas. Estas se basan en habilidades cognitivas o analíticas (como el pensamiento crítico, la creatividad y la resolución de problemas), así como en habilidades interpersonales (como el trabajo en equipo, la negociación y la gestión). El informe muestra que, incluso antes de la crisis de COVID-19, hubo una caída en la demanda de tareas manuales rutinarias y un aumento en la demanda de tareas no rutinarias. La tendencia, sin lugar a dudas, se acelerará a medida que el teletrabajo se vuelva más frecuente.

El informe evalúa el número potencial de puestos de trabajo en riesgo alto de automatización en la región y concluye que los temores de un «desempleo tecnológico masivo» son en gran medida infundados. Las estimaciones, no obstante, varían ampliamente dependiendo de la metodología utilizada. Sin embargo, muchas ocupaciones se verán afectadas y transformadas por las tecnologías emergentes. Si bien es posible que el número total de puestos de trabajo no disminuya de manera drástica, la tendencia podría acelerarse por las prácticas de distanciamiento social que fomenta la epidemia de COVID-19. Es importante destacar que los puestos de trabajo y las tareas del futuro requerirán capacidades y habilidades diferentes y de orden superior.

Implicancias para la política económica

Las conclusiones de este informe tienen varias implicancias importantes para la política económica. Algunas de estas implicancias están relacionadas con los desafíos de productividad a los que ya se enfrentaba América Latina y el Caribe después del final de la Década Dorada. En todo caso, el malestar social que surgió en la región en 2019 puede tomarse como una advertencia de que restaurar el crecimiento económico y fomentar la creación de más y mejores puestos de trabajo ya eran prioridades urgentes. Otras implicancias políticas podrían comenzar a ganar relevancia por la crisis de COVID-19. A medida que los sectores se ven afectados de diferentes maneras y el trabajo a distancia se vuelve más común, los Gobiernos deben responder con medidas que apoyen una transformación fluida de los puestos de trabajo, que sean socialmente aceptables y que contribuyan al crecimiento de la productividad.

Impulso al crecimiento de la productividad

Un primer mensaje importante del informe es que los responsables de la formulación de políticas no deberían centrarse en el tamaño del sector, sino en el crecimiento de la productividad. La aparición de nuevas tecnologías en el contexto de la Cuarta Revolución Industrial sugiere que es probable que las oportunidades para una mayor industrialización (o reindustrialización) sean limitadas en muchos países en desarrollo. Los requisitos en términos de combinación de habilidades y uso de plataformas electrónicas aumentarán, pero estos cambios tienden a ahorrar mano de obra. En general, el sector industrial podría continuar contribuyendo positivamente al crecimiento de la productividad agregada y al valor agregado, pero no tanto a la creación de empleo, especialmente en el caso de la mano de obra no calificada.

En lugar de centrarse en políticas orientadas a sectores específicos, cada vez será más relevante formular políticas de cadenas de valor que tengan en cuenta cómo interactúan entre sí los sectores. La servicificación de la actividad económica en general y de la manufactura en particular ofrece nuevas oportunidades de crecimiento. Se espera que el sector servicios, que ya es el mayor empleador de la región con más del 60 % de la fuerza laboral, crezca aún más y que desempeñe un papel cada vez más importante como proveedor de insumos para la economía en general. Esto requiere un conjunto completo de políticas orientadas al sector servicios, con énfasis en las distorsiones que impiden que la competencia y la innovación se desarrollen a un ritmo rápido.

Inversión en capital humano

En segundo lugar, a medida que se desarrollan y adoptan nuevas tecnologías y el trabajo a distancia se vuelve más frecuente, la inversión en el capital humano debería ser una prioridad para los responsables de la formulación de políticas. No es exagerado decir que la educación constituye el instrumento más eficaz para frenar los riesgos de la automatización (Banco Mundial, 2019). Los trabajadores peor remunerados y menos capacitados, que realizan las tareas más sencillas y rutinarias, corren el mayor riesgo de ser reemplazados por máquinas. Lo mismo ocurre con los trabajadores en actividades intensivas en contacto, como las que caracterizan al sector informal de la economía.

En décadas recientes, los países de América Latina y el Caribe han logrado progresos sustanciales en la mejora del acceso a la educación secundaria, pero la calidad de la educación sigue estando a la zaga de las naciones avanzadas y de los países en desarrollo de Asia oriental. Lo que podría llegar a ser más importante a medida que se adopten las nuevas tecnologías de la automatización en la región es la educación para adultos y los programas de recapacitación laboral. Es posible que las transformaciones en el lugar de trabajo se produzcan a mitad de la carrera de muchos trabajadores. Estos tendrán que adaptarse y ajustarse al cambiante conjunto de tareas que deben realizar en el trabajo. Para minimizar los costos del ajuste que soportan los trabajadores, los Gobiernos deberían apoyar programas que ayuden a los trabajadores a mejorar sus habilidades y capacitarse.

Reformulación de la normativa laboral y las políticas de protección social

Por último, pero no por ello menos importante, la transformación acelerada de los puestos de trabajo exige un nuevo planteamiento de la normativa laboral y las políticas de protección social. Los países de América Latina y el Caribe desarrollaron una arquitectura institucional orientada a los trabajadores asalariados del sector formal. Gran parte de la regulación se centró en las relaciones entre empleadores y empleados, mientras que los programas de protección social se basaban en el empleo. Esta arquitectura introdujo un grado significativo de rigidez y exclusión en un entorno donde muchos trabajadores eran autónomos u operaban al margen de la formalidad.

La desindustrialización prematura, la creciente servicificación de la economía y la creciente dependencia de las plataformas electrónicas plantean dudas sobre un aumento sustancial del empleo asalariado en los próximos años. Al mismo tiempo, las nuevas tecnologías hacen que las actividades y los ingresos sean mucho más transparentes para las autoridades. Por ejemplo, las contribuciones a la seguridad social basadas en ingresos procesados a través de plataformas electrónicas son cada vez más frecuentes. El último eje de la agenda política del que se ocupa este informe se refiere, por lo tanto, a la regulación flexible de las formas emergentes de trabajo de manera que incentive el empleo y apoye la formalización, ampliando así la cobertura de la protección social a segmentos más amplios de la población.

Notas

1. Véase Herrendorf, Rogerson y Valentinyi (2013) para una revisión exhaustiva de la literatura.
2. Este fenómeno se conoce en la literatura como la enfermedad de costos de Baumol.
3. Los países para los cuales existían datos comparables para el análisis son Argentina, Bolivia, Brasil, Chile, Colombia, Costa Rica, México, Perú y la República Bolivariana de Venezuela.

Referencias

Ghani, E., and H. Kharas. 2010. "The Service Revolution." Brief 54595. Washington, DC: World Bank.

Herrendorf, B., R. Rogerson, and A. Valentinyi. 2013. "Two Perspectives on Preferences and Structural Transformation." *American Economic Review* 103 (7): 2752–89.

Rodrik, D. 2016. "Premature Deindustrialization." *Journal of Economic Growth* 21 (1): 1–33.

World Bank. 2019. *World Development Report 2019: The Changing Nature of Work*. Washington, DC: World Bank.

¿Qué es la transformación estructural?

1

La transformación estructural, un rasgo distintivo del crecimiento económico, se produce cuando coinciden un período sostenido de aumento de los ingresos y de los estándares de vida con cambios en la distribución de la actividad económica en los tres grandes sectores de una economía: la agricultura, la industria y los servicios[1]. La transformación estructural suscita interés entre los analistas por sus estrechos vínculos con las tendencias en la productividad, la convergencia de la renta en la región, la participación de la fuerza laboral, la urbanización, los ciclos de negocios, la desigualdad salarial y muchas otras facetas del desarrollo. Estos vínculos a menudo abren posibilidades de intervenciones de política que sostienen que la actual asignación de la actividad económica entre los distintos sectores es ineficiente.

La actividad económica a nivel sectorial se mide generalmente a través de la participación del empleo, la participación del valor agregado y la participación del gasto en consumo final. Si bien estas medidas están vinculadas y, a grandes rasgos, muestran los mismos patrones, en realidad, son distintas. Tanto la participación del empleo como la del valor agregado son medidas relativas al área de la producción, mientras que la participación del gasto en consumo final está vinculada al área del consumo. En el cuadro 1.1 se destacan los principales problemas asociados a las diferentes medidas de la actividad económica sectorial. Por la disponibilidad de datos y su enfoque en la productividad, este informe se concentra en las medidas desde la perspectiva de la producción.

La amplia bibliografía en la que se documenta sobre estos patrones de transformación estructural en países desarrollados ha establecido tres hechos estilizados. Primero, en los niveles de ingresos más bajos, el sector agrícola representa la participación más importante de recursos y producción. Segundo, a medida que una economía crece, el sector agrícola se contrae en términos de empleo y valor agregado (gráfico 1.1, panel a), mientras que los otros dos sectores, industrial y servicios, se vuelven más prominentes (gráfico 1.1, paneles b y c). Inicialmente, la industria y los servicios se expanden. Sin embargo, a diferencia de los servicios, que continúan creciendo en los niveles de ingresos más altos, el sector industrial eventualmente alcanza un pico y luego comienza a contraerse (véase el gráfico 1.1, paneles b y c)[2]. Este patrón se conoce comúnmente como

CUADRO 1.1 Cómo medir la transformación estructural

La transformación estructural implica cambios en el transcurso del tiempo en la cantidad de actividad económica que se produce en los sectores. Pero ¿cuál es la mejor forma de medir la actividad económica? ¿Importa qué unidades se utilizan?

En general, se emplean tres medidas para evaluar la actividad económica a nivel sectorial: participaciones del empleo, participaciones del valor agregado y participaciones del gasto en consumo final. Dos de estas medidas —participaciones del empleo y participaciones del valor agregado— son medidas de producción, mientras que las participaciones del gasto en consumo final es una medida del consumo. Si bien a veces se piensa que las tres medidas son intercambiables, cabe aclarar que existen diferencias importantes entre ellas, en particular, para el trabajo empírico. Tal como señalan Herrendorf, Rogerson y Valentinyi (2013), aunque las medidas a menudo muestran el mismo comportamiento cualitativo, las implicancias cuantitativas pueden ser muy distintas, e incluso el comportamiento cualitativo puede diferir.

Tal vez la distinción conceptual más profunda entre estas medidas sea la de producción versus consumo. Esto se remonta a la diferencia entre el concepto de valor agregado y producción final y la forma en que se estructuran las cuentas nacionales. En su ejemplo, Herrendorf, Rogerson y Valentinyi (2013) ilustran claramente la diferencia entre las medidas. El costo total de una camiseta de algodón se registra como un gasto en consumo final de la manufactura porque es un bien y no un servicio. No obstante, en la contabilidad del valor agregado, se le atribuye un componente al sector agrícola (el algodón usado para la camiseta), otro al sector industrial (la transformación del algodón en una camiseta) y otro al sector servicios (los servicios de distribución y venta minorista donde se compró la camiseta). De lo anterior se desprende que las cantidades y los precios podrían diferir entre el valor agregado y el gasto final, lo que sugiere que no hay motivo para esperar que dichas participaciones tengan un comportamiento similar.

Las medidas relativas a la producción también pueden contener información distinta. Por ejemplo, en 1966, Kuznets señaló que, en los primeros tiempos de la economía de Estados Unidos, la participación del empleo en el sector servicios aumentó, pero la participación del valor agregado se mantuvo casi constante. Recientemente, Rodrik (2016, 2) constata que, «en Estados Unidos, la participación del total de empleos en la industria manufacturera ha caído de forma sostenida desde la década de 1950 y pasó de ser un cuarto de la fuerza de trabajo a menos de una décima parte en la actualidad. Mientras tanto, el valor agregado de la manufactura se mantuvo como una participación constante del PIB, con precios estables, una prueba del rápido crecimiento diferenciado de la productividad en este sector». Ambas observaciones apuntan a los diversos efectos que el progreso tecnológico puede tener en las diferentes medidas de la transformación estructural. El aumento de las tecnologías de la automatización que ahorran mano de obra podría profundizar este patrón y reducir aún más la participación del empleo y, a la vez, mantener o aumentar la participación del valor agregado.

Más allá de las diferencias conceptuales, cada medida tiene ciertas limitaciones adicionales. En general, la disponibilidad de los datos empuja a los investigadores a medir la participación del empleo mediante el cálculo de la cantidad de trabajadores en cada sector. Sin embargo, es posible que el empleo no refleje los cambios reales en la mano de obra. Por ejemplo, las diferencias sistemáticas en las horas trabajadas o en el capital humano por trabajador entre sectores varían con el nivel de desarrollo. Finalmente, de acuerdo con Herrendorf, Rogerson y Valentinyi (2013, 7), «en los casos de las participaciones del valor agregado y del gasto en consumo, surge una cuestión clave a partir de la necesidad de distinguir entre los cambios en cantidades y precios. A menudo, esto es empíricamente difícil porque los datos fiables sobre comparaciones de los precios relativos entre los distintos países no son fáciles de obtener. Asimismo, consumo y producción no tienen que coincidir por la presencia de inversiones y de importaciones y exportaciones, de modo que ninguna medida sola es suficiente».

GRÁFICO 1.1 Transformación estructural por sector, países seleccionados de ALC y resto del mundo

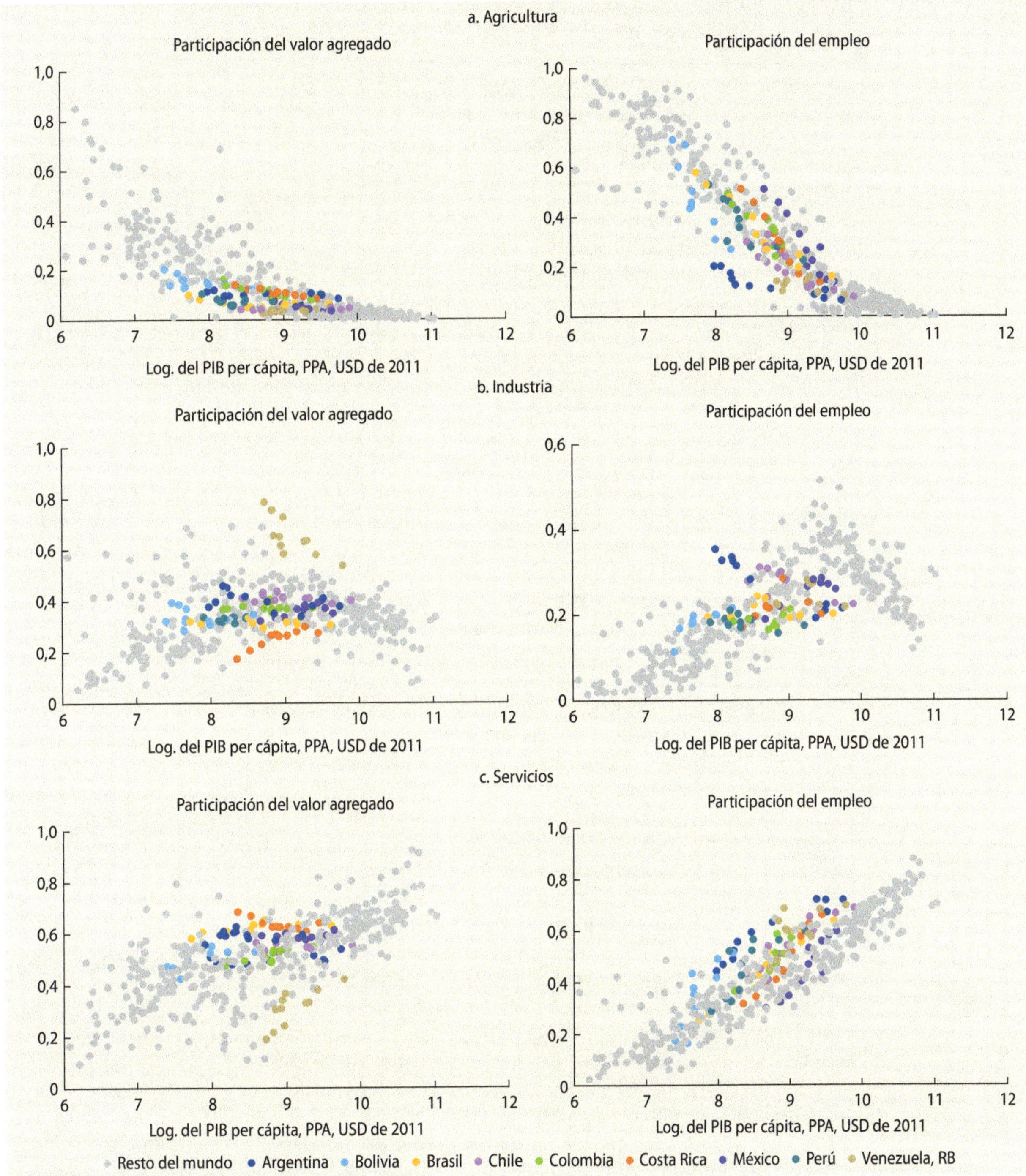

Fuentes: Cálculos originales para esta publicación. Datos sobre valor agregado y empleo: base de datos de 10 sectores del Centro de Crecimiento y Desarrollo de Groninga (GGDC) (Timmer, De Vries y De Vries, 2015); PIB: Tabla Mundial de Penn (Feenstra, Inklaar y Timmer, 2015).

Nota: Los gráficos muestran las participaciones del valor agregado por sector y las participaciones del empleo por sector en comparación con el logaritmo del PIB per cápita (en dólares estadounidenses de 2011, ajustados por la PPA). Los datos pertenecen a nueve países (Argentina, Bolivia, Brasil, Chile, Colombia, Costa Rica, México, Perú y la República Bolivariana de Venezuela) en la región de ALC y 31 países en el resto del mundo. Los datos representan períodos de cinco años desde 1961 hasta 2011. ALC = América Latina y el Caribe; PPA = paridad del poder adquisitivo.

la «joroba» de la industria[3]. Los datos más recientes en los trabajos de Buera y Kaboski (2012a, 2012b) sugieren que el crecimiento del valor agregado de los servicios se acelera en alrededor de 8100 USD (dólares internacionales de 1990). Además, esta aceleración coincide con una disminución de la participación del valor nominal agregado en el sector industrial.

Aunque la falta de datos de largas series temporales ha limitado el análisis de la transformación estructural de los países en desarrollo, en la actualidad hay evidencia sustancial de que los patrones que se observan en los países desarrollados también son ampliamente válidos para los países en desarrollo. En los países más pobres, se destinan mayores participaciones del empleo y del valor agregado al sector agrícola, mientras que los países de ingresos bajos y medios están en proceso de industrialización, y los de ingresos altos se desindustrializan a causa del crecimiento acelerado del sector servicios. Si bien los patrones de transformación estructural en las economías en desarrollo coinciden con la experiencia en las economías de los países desarrollados, se observa una gran heterogeneidad entre los países en desarrollo. Además, datos recientes plantean una disrupción o limitación de la escalera tradicional del desarrollo porque los países en desarrollo parecen estar iniciando un proceso de desindustrialización en etapas tempranas del desarrollo —es decir, a menores niveles de PIB per cápita— y logrando picos más bajos de participación en el sector industrial. Este fenómeno se ha denominado «desindustrialización prematura» y se aborda en profundidad más adelante en este capítulo.

¿Cuál es la explicación de estos hechos estilizados de la trasformación estructural? ¿Es deseable este cambio en la estructura económica de los países u optimiza el crecimiento? Muchos analistas han argumentado que la transición hacia una menor productividad y un menor crecimiento del sector servicios es problemática porque el crecimiento de la productividad se estancaría y con él también lo haría la economía. La siguiente sección explora estas cuestiones.

¿Qué impulsa la transformación estructural?

Determinar si los patrones observados de la transformación son eficientes requiere la comprensión de las fuerzas que impulsan el proceso. En las últimas dos décadas, algunas investigaciones dieron grandes pasos en la identificación de mecanismos fundamentales que subyacen a la transformación estructural. Aunque la búsqueda de nuevas explicaciones continúa, dos mecanismos contrapuestos han despertado gran interés.

El primer mecanismo propone que la elasticidad-ingreso de la demanda varía entre los bienes sectoriales. Dicho de otra forma, las preferencias de los consumidores no son homotéticas (Kongsamut, Rebelo y Xie, 2001). Por lo tanto, a medida que una economía se vuelve más rica, la asignación de actividades por sector cambia en respuesta a los cambios inducidos por el desplazamiento del gasto en los hogares, que se aleja de los bienes agrícolas a medida que las necesidades alimentarias para la subsistencia quedan satisfechas. En otras palabras, en las primeras etapas del desarrollo, los hogares gastan gran parte de sus presupuestos en alimentos. A medida que los países crecen y que el ingreso per cápita aumenta, los hogares que ya satisficieron sus necesidades de alimentos comienzan a comprar bienes industriales y servicios. En los niveles de ingresos más altos, los hogares destinan una mayor participación de sus gastos a los servicios. Este mecanismo habitualmente se conoce en la literatura como efecto ingreso.

El segundo mecanismo sostiene que el crecimiento tecnológico exógeno difiere entre sectores, lo cual genera cambios de largo plazo en los precios relativos de los bienes sectoriales (Baumol, 1967; Ngai y Pissarides, 2007). De acuerdo con este mecanismo, la actividad económica se aleja del sector agrícola porque el crecimiento tecnológico en el sector supera aquel en cualquier otro, lo que hace que los bienes agrícolas sean más económicos con el tiempo. Bajo el supuesto de que los bienes sectoriales son complementos en el consumo, el descenso relativo de los precios agrícolas implica una menor asignación del presupuesto de los hogares a bienes agrícolas. La principal implicancia de esta teoría es que, cuanto mayor es el crecimiento de la productividad relativa a un sector, más empuja a los trabajadores hacia el sector con menor crecimiento de la productividad (otra vez, bajo el supuesto de la complementariedad de los bienes sectoriales en el consumo y en modelos de economía cerrada). Por lo tanto, el mayor crecimiento de la productividad en el sector industrial probablemente empujaría a los trabajadores al sector servicios. Dada su relación con los cambios en los precios relativos, este mecanismo se conoce como el efecto precio[4].

La transformación estructural y el rol del comercio

Observadores de instituciones académicas y formuladoras de políticas sostienen que el incremento del comercio mundial está fomentando la desindustrialización en muchos países. Las economías que carecen de una ventaja comparativa en la producción industrial importan estos bienes y, en consecuencia, asignan los recursos productivos a otros sectores.

Aunque gran parte de la literatura se ha concentrado en modelos de economía cerrada, algunos estudios destacan la forma en que el comercio influye en el patrón de transformación. Un país con una mejora en la ventaja comparativa, gracias al relativamente alto crecimiento tecnológico en uno de los sectores, tendrá una mayor asignación de actividad en ese sector (Matsuyuma, 2009). Por lo tanto, el comercio se opone al cambio en la asignación inducido por el mecanismo de efecto precio antes descrito. Quizá la consecuencia más importante del modelo de economía abierta sea la de permitir que el comportamiento de las medidas de transformación relacionadas a la producción —participaciones del valor agregado y el empleo— se desvíen del comportamiento de la participación del gasto en consumo. Esta discrepancia en las dos formas de medir la transformación se observa en los datos y es pronunciada en algunos países[5].

Pocos estudios han valorado cuantitativamente el papel del comercio y aquellos que lo hicieron se dedicaron principalmente al análisis minucioso de la transformación de la República de Corea. Uy, Yi y Zhang (2013) y Teignier (2018) observan que el mecanismo inducido por el comercio es fundamental para comprender la experiencia coreana. No obstante, la comparación entre la asignación de la mano de obra en Corea con las asignaciones en países que se encuentran en un nivel similar de desarrollo, y que se industrializaron antes de que el comercio predominara, no demuestra una divergencia excepcional. Un análisis de un conjunto más amplio de países pone de manifiesto que, salvo en algunos casos, el comercio ha ocupado un papel secundario a los principales mecanismos antes mencionados (Święcki, 2017). Sin embargo, el comercio ocupa un lugar central en economías más pequeñas y, por lo tanto, ha sido decisivo en su camino de transformación estructural.

Sinha (2019a) analiza la fuerza relativa de cinco canales diferentes —incluidos los patrones del comercio— que dan cuenta de la participación del empleo industrial que se observa en las economías de América Latina y el Caribe. El autor encuentra poco apoyo a favor de la hipótesis de la ventaja comparativa. Los países con una alta participación industrial del empleo no obtienen una participación lo suficientemente importante del valor agregado en las exportaciones industriales con relación a los países con una menor participación industrial del empleo para justificar la clara brecha en la participación industrial entre los dos grupos. Según este análisis, las diferencias en las participaciones del comercio representan solo una décima parte de los 11 puntos porcentuales entre la muestra de América Latina y el Caribe y el conjunto de países avanzados tomados como referencia que se comparan durante el período de 1995 a 2011.

Sin embargo, Sinha advierte que, a pesar de la escasa evidencia a favor de la hipótesis de la ventaja comparativa, es posible que otras fuerzas inducidas por el comercio estén en juego. Por ejemplo, el comercio podría interactuar con las preferencias desde el lado del consumo de la economía a medida que las participaciones del gasto en los hogares se ajustan al comercio. Así, el comercio podría incorporar nuevos productos y variedades en el mercado interno que, a su vez, utilizan productos industriales fabricados internamente. Por lo tanto, cuando el consumo se desplaza hacia estos nuevos productos y variedades, una participación del gasto en los hogares también se traslada de forma indirecta a los productos fabricados internamente. Asimismo, los vínculos intersectoriales y las brechas de la productividad también podrían responder a trastornos del comercio.

La transformación estructural y el rol de los bienes intermedios

Siguiendo la extensa bibliografía sobre transformación estructural, el equipo de investigación adoptó el supuesto de que cada sector económico tiene una función de producción que considera el trabajo y el capital como insumos para la producción. Recientemente, algunos estudios han comenzado a observar la relación entre los vínculos intersectoriales y la transformación estructural. En particular, los nuevos modelos dan cuenta de manera explícita de que la producción de un sector a menudo sirve de insumo en otro sector. Esta sección explora la posible importancia de los bienes intermedios para explicar los patrones de transformación estructural.

Berlingieri (2013) describe que los cambios en las relaciones insumo-producto podrían representar aproximadamente un cuarto de la caída de la participación del empleo en el sector manufacturero en el período de posguerra en Estados Unidos. Con datos sobre insumo-producto en Estados Unidos entre 1947 y 2002, Berlingieri observa que el aumento del 50 % del empleo y el incremento del 94 % del PIB en el sector servicios se deben al crecimiento de los subsectores del sector servicios —servicios profesionales y empresariales, y finanzas e inmuebles— en los cuales la demanda final tiene un papel relativamente pequeño[6]. Por lo tanto, el autor hace hincapié en dos canales importantes que ayudan a explicar la disminución de la manufactura y el ascenso de los servicios en Estados Unidos: cambios en la composición de los intermedios y su modo de abastecimiento. En particular, sugiere que las actividades de servicios que se desempeñaban dentro de una empresa manufacturera ahora se tercerizan a empresas especializadas en dichos servicios. En este contexto, los cambios en la demanda de intermedios dan lugar a una reasignación de la mano de obra entre sectores. Berlingieri concluye que la sola evolución de la estructura de insumos-productos de la economía constituye un 36 % del aumento total del empleo en el sector servicios y un 25 % de la caída en el sector manufacturero. Sinha (2019a) usa un marco contable similar y concluye que las diferencias en los vínculos intersectoriales podrían representar un tercio de la brecha en la participación del empleo en el sector industrial en la región de América Latina y el Caribe y economías avanzadas usadas como comparadores durante el período de 1995 a 2011.

En un documento de referencia para este informe, Sinha (2019b) analiza la asignación sectorial del empleo en ocho economías latinoamericanas con énfasis en si los cambios en las distorsiones en los mercados intermedios pueden tener un impacto cuantitativamente considerable en la participación del empleo en el sector industrial. En consonancia con la literatura sobre transformación estructural, la idea central de su modelo es que los sectores económicos experimentan diferentes tasas de crecimiento exógeno de la productividad. Este crecimiento de la productividad con sesgo por sector conduce, a su vez, a cambios en los precios relativos de los productos sectoriales. La extensión principal del modelo es que permite efecto ingreso en el lado de la producción y también una elasticidad de sustitución no unitaria entre los intermedios de los distintos sectores. En consecuencia, el crecimiento de la productividad con sesgo por sector afecta a los cambios en los gastos intermedios y los cambios en los gastos en consumo final.

Sinha (2019b) también plantea que, en las economías latinoamericanas, tal como sucede en Estados Unidos, los cambios en las participaciones del gasto en bienes intermedios son significativos y, a menudo, de mayor magnitud en comparación con los cambios en las participaciones del gasto en consumo final. De este ejercicio, cabe destacar dos resultados importantes. En primer lugar, los cambios en las distorsiones crean una presión contractiva en el empleo en el sector industrial en cinco países de la muestra. En segundo lugar, las distorsiones en el uso de insumos del sector servicios con relación a los insumos industriales explican un 80-90 % del cambio contrafactual. Cuando las distorsiones de los insumos del sector servicios se mantienen en su mínimo histórico (durante el período de análisis, de 1995 a 2011), el sector industrial aumenta su participación en 2,5 puntos porcentuales en promedio porque se calcula que los insumos del sector son complementos en la función de producción. Por lo tanto, reducir la distorsión en el mercado de servicios intermedios genera insumos relativamente más baratos y así todos los sectores tienden a aumentar la participación de insumos que no son del sector servicios. En conclusión, el análisis establece que las distorsiones tienen un papel cuantitativamente importante en los mercados intermedios, ya que determinan la asignación del empleo por sector en la región de América Latina y el Caribe.

La experiencia de América Latina y el Caribe

Si bien los hechos estilizados de la transformación estructural son robustos en los diferentes países, los patrones de transformación son muy diferentes. Las diferencias entre países varían sistemáticamente entre ciertas dimensiones, algo que sustenta el argumento de que la asignación sectorial podría no ser eficiente en algunos casos. Esta sección se centra en la experiencia de las economías de América Latina y el Caribe, y cómo estas pueden compararse con el camino recorrido por los países que hoy son desarrollados y por otras economías en desarrollo.

Desde la publicación del artículo seminal de Rodrik (2016), se ha dado mucha atención a la noción de desindustrialización prematura en países en desarrollo, en especial en las economías de América Latina. El concepto de desindustrialización no es nuevo. Las economías avanzadas se han desindustrializado durante décadas y pasaron a una fase posindustrial del desarrollo. Sin embargo, en Rodrik (2016, 2), se documenta una «tendencia menos percibida en las últimas tres décadas que es incluso más llamativa y desconcertante; un patrón de desindustrialización en países de ingresos bajos y medios. La relación en forma de joroba entre la industrialización (medida por las participaciones de la producción o el empleo) y los ingresos se ha desplazado hacia abajo y más cerca del origen». Dicho de otro modo, el pico de la participación industrial en estos países es más bajo que el alcanzado en el pasado por los países desarrollados, y el pico se materializa en niveles más bajos de ingresos per cápita. El equipo de investigación replicó el análisis para el sector manufacturero y puede confirmar que, tanto visual como estadísticamente, la senda de los países de América Latina y el Caribe difiere de la de los países desarrollados en la actualidad. Como se mencionó anteriormente, las economías de América Latina y el Caribe comenzaron la desindustrialización en etapas

GRÁFICO 1.2 **Patrones de industrialización en la región de ALC y países de ingresos altos**

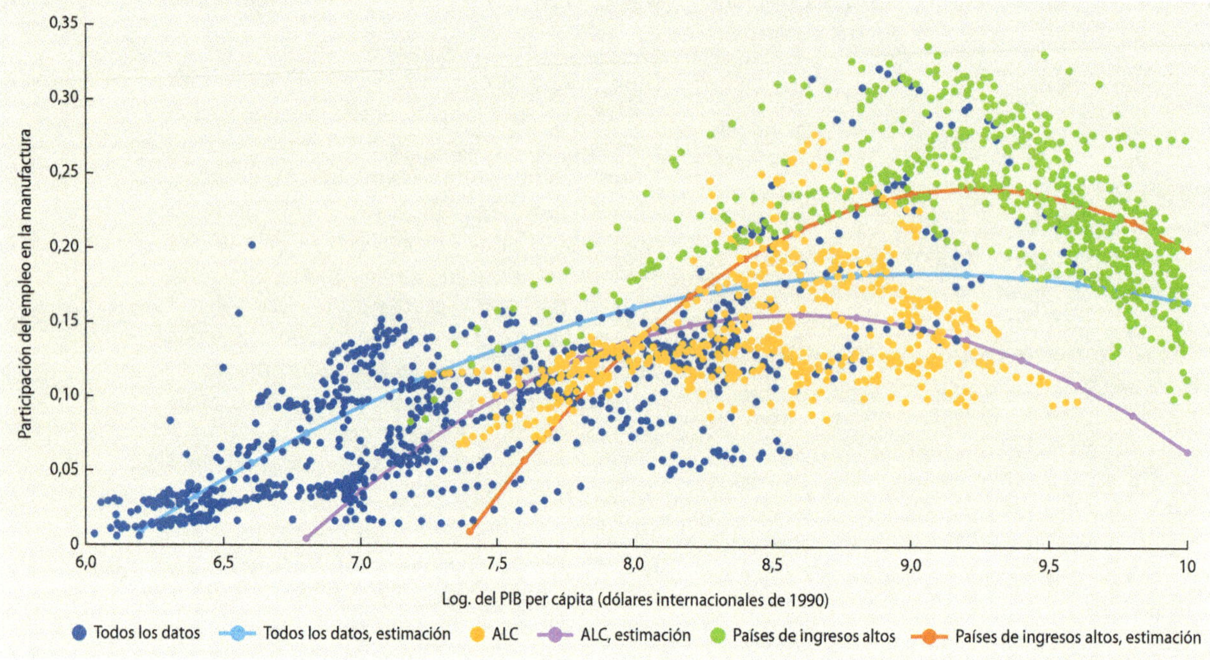

Fuentes: Cálculos originales para esta publicación utilizando la base de datos de 10 sectores del GGDC (Timmer, De Vries y De Vries, 2015); base de datos Maddison (Bolt *et al.*, 2018).
Nota: El gráfico muestra la participación del sector manufacturero basada en el logaritmo del PIB per cápita (expresada en dólares internacionales de 1990). Las líneas continuas son participaciones simuladas a partir de un ajuste cuadrático. Los datos abarcan el período 1950-2012 en 40 países. El gráfico se basa en la clasificación de países por nivel de ingresos del Banco Mundial para el año 2012.

más tempranas del proceso de desarrollo (con menor PIB per cápita) y lograron picos menores (véase el gráfico 1.2)[7].

Si bien es verdad que existe un amplio patrón de desindustrialización prematura en los países de América Latina y el Caribe, hay heterogeneidad entre ellos también. De conformidad con sus niveles de desarrollo, las economías de América Latina y el Caribe se encuentran en distintas etapas de la desindustrialización (véase el gráfico 1.3, panel a, para las participaciones del valor agregado, y panel b, para las del empleo). Por un lado, están países como Argentina y Chile, con los niveles más altos de desarrollo y una clara tendencia descendente en su participación del empleo en el sector industrial. Por otro lado, está Bolivia, con el nivel de desarrollo más bajo dentro de los países de la muestra y que continúa industrializándose; es decir, la participación del empleo en el sector industrial de hecho está creciendo. En algún punto intermedio, se sitúan países como Brasil y México, que muestran pequeñas caídas y participaciones estables del empleo en el sector industrial, respectivamente. Cabe aclarar que este resultado no implica que la desindustrialización prematura no esté ocurriendo o que sea más débil de lo previsto. En función de sus niveles de desarrollo, Brasil y México tienen sectores industriales más pequeños que los que lograron las economías desarrolladas con el nivel de ingresos de Brasil y México. Además, los países como Bolivia y Perú deberían industrializarse a un ritmo mucho más rápido.

Los cambios en las participaciones del empleo son mucho más pronunciados que aquellos en las participaciones del valor agregado. Esto coincide con la experiencia de Estados Unidos, donde la caída en la participación del empleo ha sido mucho más fuerte que la caída en el

GRÁFICO 1.3 Participaciones del valor agregado y el empleo: países seleccionados de ALC, 1950-2010

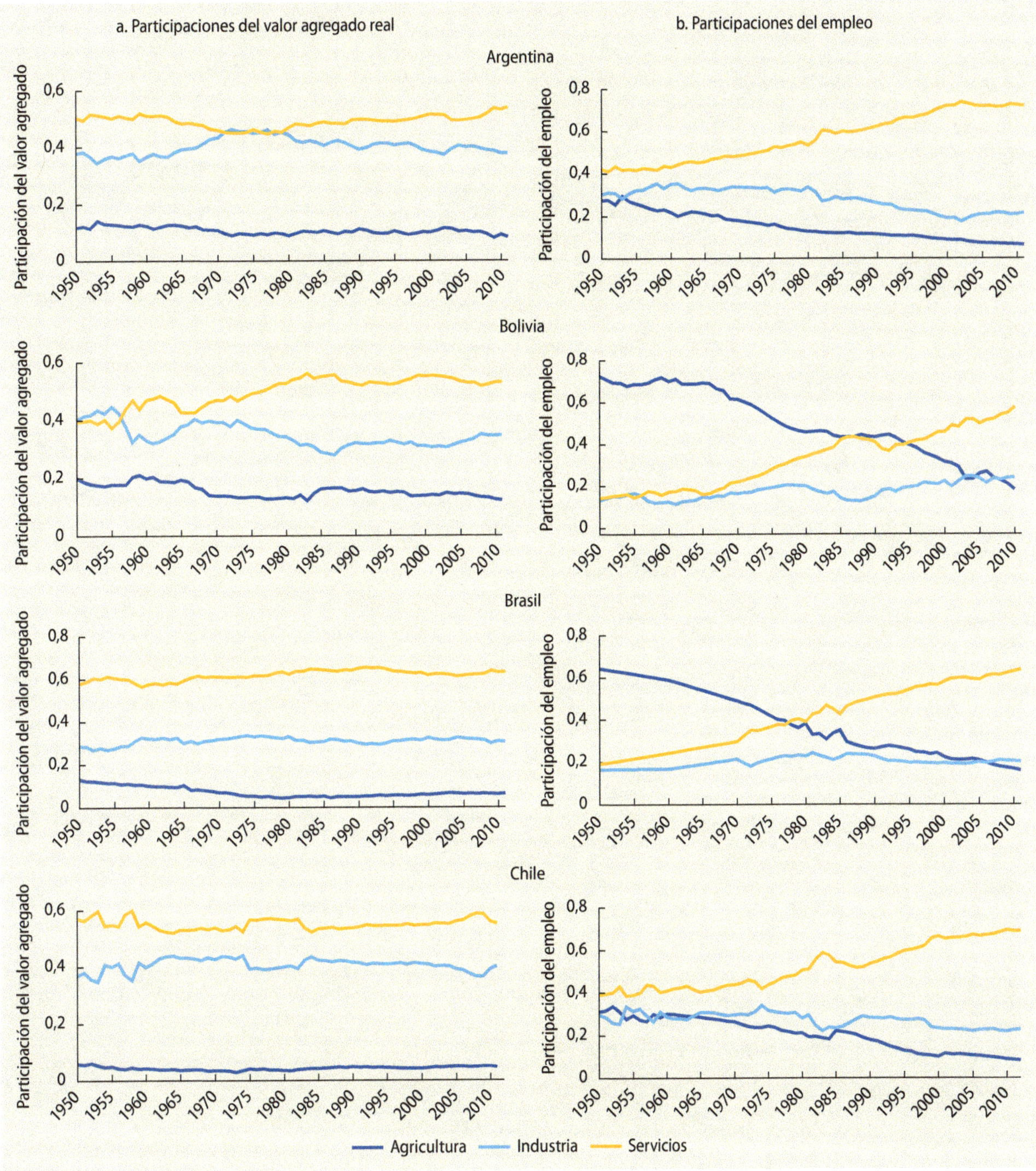

El gráfico continúa en la página siguiente

GRÁFICO 1.3 **Participaciones del valor agregado y el empleo: países seleccionados de ALC, 1950-2010 *(Continuado)***

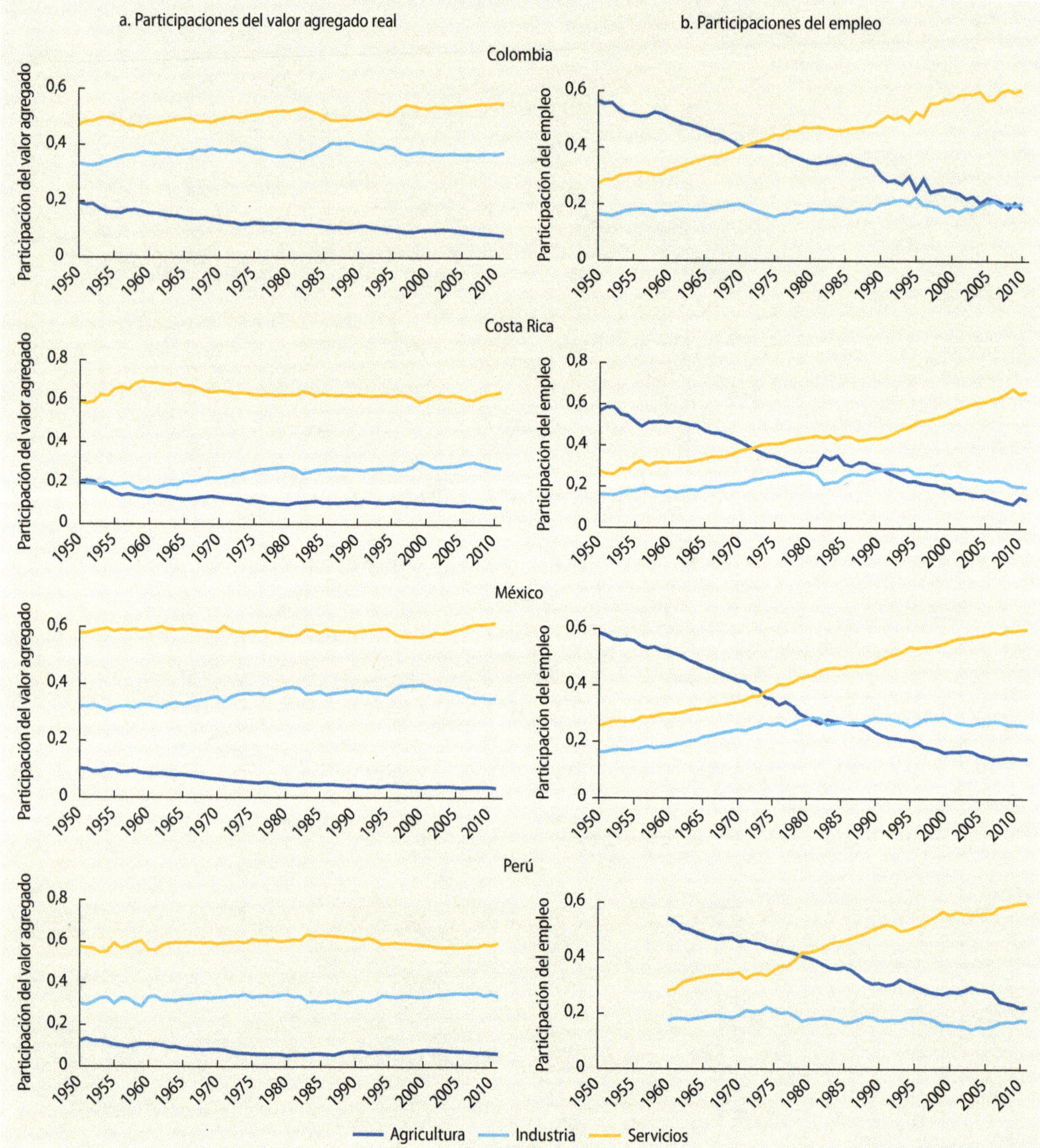

Fuentes: Cálculos originales para esta publicación. Datos sobre valor agregado y empleo: base de datos de 10 sectores del GGDC (Timmer, De Vries y De Vries, 2015); PIB: Tabla Mundial de Penn (Feenstra, Inklaar y Timmer, 2015).
Nota: Todos los valores agregados se calculan a unidades monetarias locales del año 2005.

valor agregado real. Esta evidencia se debe al rápido crecimiento en la productividad de la mano de obra en el sector industrial. Como observa Rodrik (2016, 2), «en Estados Unidos, la participación del total de empleos en la industria manufacturera ha caído de forma sostenida desde la década de 1950 y pasó de ser un cuarto de la fuerza de trabajo a menos de una décima parte en la actualidad. Mientras tanto, el valor agregado de la manufactura se mantuvo como una participación constante del PIB, con precios estables, una prueba del rápido crecimiento diferenciado de la productividad en este sector».

Un último aspecto esclarecedor es que el análisis de la transformación estructural y la desindustrialización está basado en la comparación de la importancia relativa de los sectores y los niveles no absolutos de empleo o valor agregado. De hecho, el número de personas empleadas en el sector industrial ha crecido con el tiempo en casi todos los países de América Latina y el Caribe, incluidos Argentina y Chile (véase el gráfico 1.4), donde la desindustrialización ha tenido lugar durante décadas. Sin embargo, el número de personas empleadas en el sector servicios se ha disparado —incluso en economías menos desarrolladas como Bolivia—, lo que dio lugar a una caída de la participación relativa del empleo en la industria.

Por lo tanto, la historia de la desindustrialización en la región no ha sido una de fábricas cerradas y despidos en masa de trabajadores. Más bien es la historia de un proceso demorado de industrialización en el cual el sector industrial no pudo crecer y generar empleos con el tiempo, como sí lo hicieron las economías desarrolladas. En parte, esta historia podría vincularse con los hechos subyacentes a la fase de industrialización en los países de América Latina y el Caribe. Las economías comenzaron el proceso de industrialización bajo la promesa de políticas industriales de proteccionismo y subvenciones de la vieja escuela. A medida que la globalización avanzó, el sector industrial de los países de la región no logró integrarse con éxito a cadenas globales de valor. En consecuencia, el sector industrial no pudo crecer, limitado por el tamaño de los mercados internos y, en algunos casos, por los mercados regionales.

¿Es la desindustrialización prematura un problema?

Desde el trabajo de Rodrik (2016), académicos y responsables de la formulación de políticas han centrado su atención en el inicio de la desindustrialización prematura en países que estaban en las primeras etapas de la transformación estructural. La reasignación de recursos de las industrias al sector servicios está comenzando a menores niveles de desarrollo y con picos más bajos que en los países desarrollados. Esta característica de la transformación estructural se interpreta como reflejo de una reasignación ineficiente de la mano de obra a causa de algunas distorsiones subyacentes; esto es, América Latina debería estar desindustrializándose a un ritmo más lento (y, en el caso de los países menos desarrollados, la industrialización debería producirse a un ritmo más acelerado). Sin embargo, no existe un punto de referencia teórico de la eficiencia con el cual se puedan comparar los datos que justifican la conclusión de la ineficiencia.

¿Es posible que los recursos estén saliendo del sector industrial antes que en otros países debido a que los factores que determinan el cambio estructural están exigiendo de manera eficiente dicho patrón de desindustrialización?

Por un lado, investigadores como Rodrik (2016) sostienen que la caída en las participaciones del sector industrial no es una buena noticia para los países en desarrollo, dado que esto bloquea la principal vía para lograr la convergencia económica. Esta afirmación se debe al hecho de que la manufactura (el componente principal del sector industrial) no solo tiene mayor productividad, sino que también tiene un mayor crecimiento de la productividad. De hecho, hay evidencia que demuestra que el sector manufacturero tiene un papel

GRÁFICO 1.4 **Nivel total absoluto de empleo por sector: países seleccionados de ALC, 1950-2010**

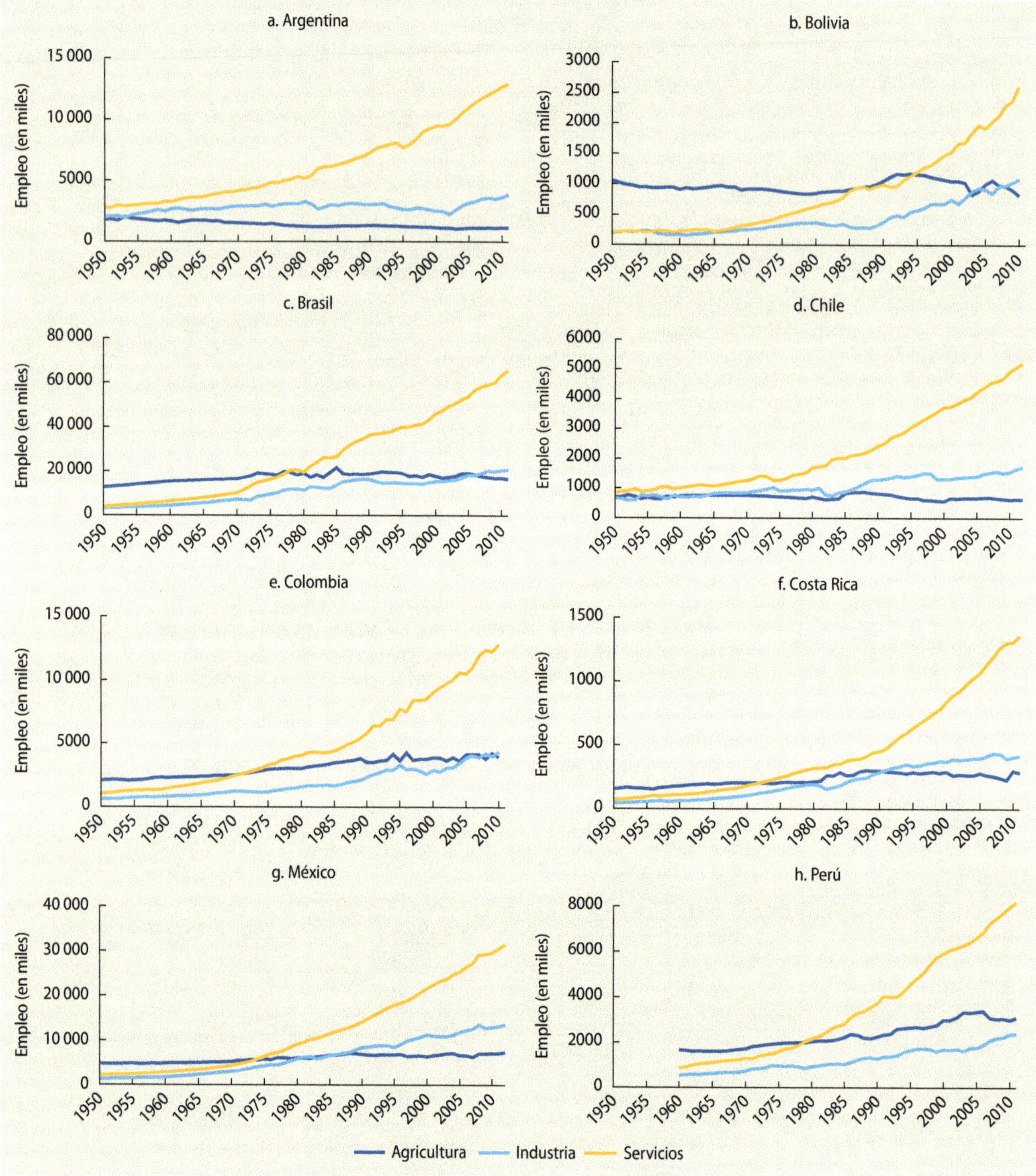

Fuentes: Cálculos originales para esta publicación utilizando la base de datos de 10 sectores del GGDC (Timmer, De Vries y De Vries, 2015).

fundamental en el proceso de recuperación porque muestra una convergencia incondicional en la productividad del trabajo, a diferencia de otros sectores de la economía (Rodrik, 2012). Además, existe cierto escepticismo general en torno a la idea de que los servicios pueden servir como un motor alternativo del crecimiento. Aunque los servicios de alta productividad y transables están disponibles, como las TIC y las finanzas, generalmente estos son intensivos en habilidades y no pueden absorber grandes cantidades de trabajadores poco calificados, como hace el sector manufacturero (o como al menos lo hizo en el pasado). Otros subsectores del sector servicios tienden a ser menos dinámicos (menor crecimiento de la productividad) o no transables, lo que limita su capacidad de ser un motor de crecimiento, dadas las limitaciones que experimentan por el tamaño de su mercado interno.

Por otro lado, los patrones de desindustrialización observados en países de América Latina y el Caribe podrían ser el resultado de cambios en los factores subyacentes a la transformación estructural y, en consecuencia, a la senda eficiente (capaz de maximizar el crecimiento). En otras palabras, los esfuerzos por detener o revertir los patrones de desindustrialización crearían distorsiones en la economía que, en última instancia, darían como resultado un menor crecimiento total. En un documento de referencia para este informe, Fattal Jaef (2019) evalúa los patrones de cambio estructural en la región de América Latina y el Caribe desde la perspectiva de un modelo estándar de equilibrio general de tres sectores con efecto ingreso y precio relativo en el consumo. A partir de este modelo, el autor logra un punto de referencia de eficiencia frente al cual puede caracterizar el patrón de la desindustrialización en los datos.

Usando este modelo de transformación estructural, Fattal Jaef determina el punto de partida eficiente al identificar las trayectorias de asignación de la mano de obra entre los distintos sectores que se desprenden del modelo después de haberle suministrado las trayectorias estimadas de la productividad del trabajo por sectores y del crecimiento observado en gastos reales per cápita. El autor entonces evalúa la ineficiencia de la hipótesis de desindustrialización prematura al comparar las asignaciones de la mano de obra en los datos con el modelo. En este contexto, es posible caracterizar un patrón de desindustrialización como prematuro e ineficiente si la caída del empleo en la industria manufacturera se produce a un ritmo más acelerado que el pronosticado por el modelo de referencia. Para algunos países, la actividad manufacturera todavía sigue aumentando. En este caso, la industrialización se cataloga como lenta si el empleo del sector manufacturero en los datos aumenta a menor velocidad que la pronosticada por el modelo.

La teoría, las definiciones y las estimaciones del crecimiento de la productividad por sector y la trayectoria observada de gasto real agregado per cápita muestran indicios de una desindustrialización prematura en América Latina a partir de la década de 1980 (véase el gráfico 1.5). Para el período de 1950 a 1980, el modelo de referencia del cambio estructural sigue de cerca la participación del empleo en la industria manufacturera. Sin embargo, a partir de 1980, el modelo predice que el empleo en dicho sector debía seguir expandiéndose. En lugar de ello, los datos muestran una reversión de la tendencia debido a la disminución de los empleos en ese sector.

GRÁFICO 1.5 Desindustrialización prematura: región de ALC (promedio), 1950-2010

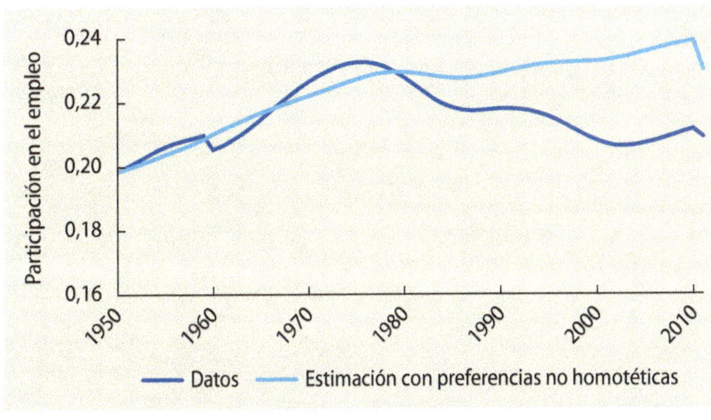

Fuente: Fattal Jaef, 2019.
Nota: El gráfico muestra la participación del empleo promedio en la industria. La línea no homotética se refiere al ajuste del modelo.

El gráfico 1.5 muestra que, tal como sugirió Rodrik (2016), hay pruebas de desindustrialización prematura en América Latina desde la mitad de la década de 1970, años en los que el modelo continúa expresando una participación creciente del empleo en la industria manufacturera, mientras que dicha participación comienza a disminuir en los datos.

Para dar sentido a las dinámicas predichas por el modelo, en el gráfico 1.6, se ilustran las trayectorias estimadas de los precios relativos y el consumo real per cápita en América Latina (promedio). El precio relativo de los bienes industriales con relación a los bienes agrícolas permanece estancado entre los años 50 y 70, y aumenta considerablemente en los años posteriores (panel a). Al mismo tiempo, los bienes industriales se abaratan con relación a los servicios a lo largo de este período, aunque esta tendencia se ralentiza a mediados de la década de 2000 (panel b). Finalmente, el consumo real crece sostenidamente hasta la década de 1980, permanece estable hasta el final de la década y luego se reanuda su trayectoria de crecimiento (panel c).

En el modelo de referencia, la baja elasticidad-ingreso de los bienes agrícolas (con relación a los bienes industriales) provoca una reasignación del sector agrícola al industrial. Cuantitativamente, de ello se desprende que la fuerza relativa de estos canales contribuye a que el modelo y los datos estén muy cerca, al menos hasta la década de 1980. A partir de ese momento, dado que las tendencias de los precios relativos no cambian y el consumo real continúa creciendo, el modelo predice que la región debería haber continuado industrializándose. Sin embargo, los datos muestran una notable reducción. Esta divergencia entre los datos y el modelo de referencia es lo que se conoce como desindustrialización prematura, específicamente, en el sentido de que implica una ineficiencia.

Un estudio de cada uno de los siete países en la muestra pone de manifiesto

GRÁFICO 1.6 Precios relativos y consumo real per cápita: región de ALC (promedio), 1950-2010

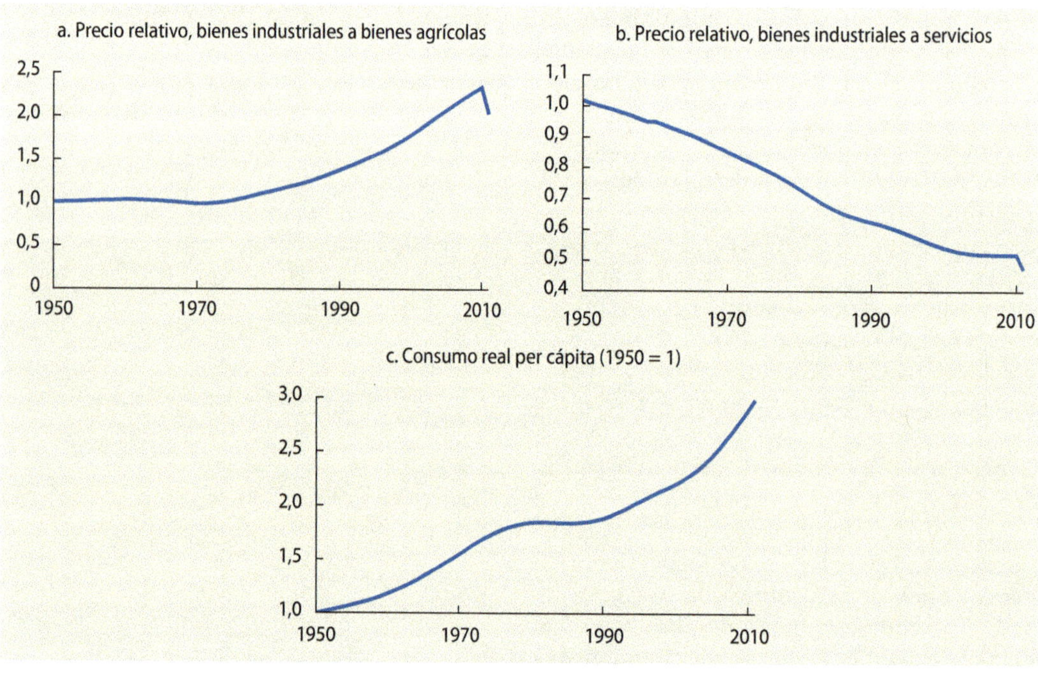

Fuentes: Cálculos originales para esta publicación utilizando la base de datos de 10 sectores del GGDC (Timmer, De Vries y De Vries, 2015); Tabla Mundial de Penn (Feenstra, Inklaar y Timmer, 2015).

la heterogeneidad significativa en los patrones de cambio estructural y revela que la actividad manufacturera todavía crece en algunos países (véase el gráfico 1.7). Argentina quizás sea el caso más prominente de la desindustrialización prematura, seguido por Chile y Perú. El modelo parece seguir de cerca los datos en Colombia y Brasil, mientras que México es un caso atípico, ya que su industrialización observada es mayor que la predicción del modelo de referencia (en contraste con el patrón del promedio).

Además de evaluar el grado de desindustrialización prematura, Fattal Jaef (2019) aporta una evaluación cuantitativa de los costos de la producción agregada asociados a este proceso. Uno de sus hallazgos es que la desindustrialización prematura no es muy costosa para la región de América Latina y el Caribe en términos de producción y

GRÁFICO 1.7 Asignación de la mano de obra en la industria manufacturera: países seleccionados de ALC, 1950-2010

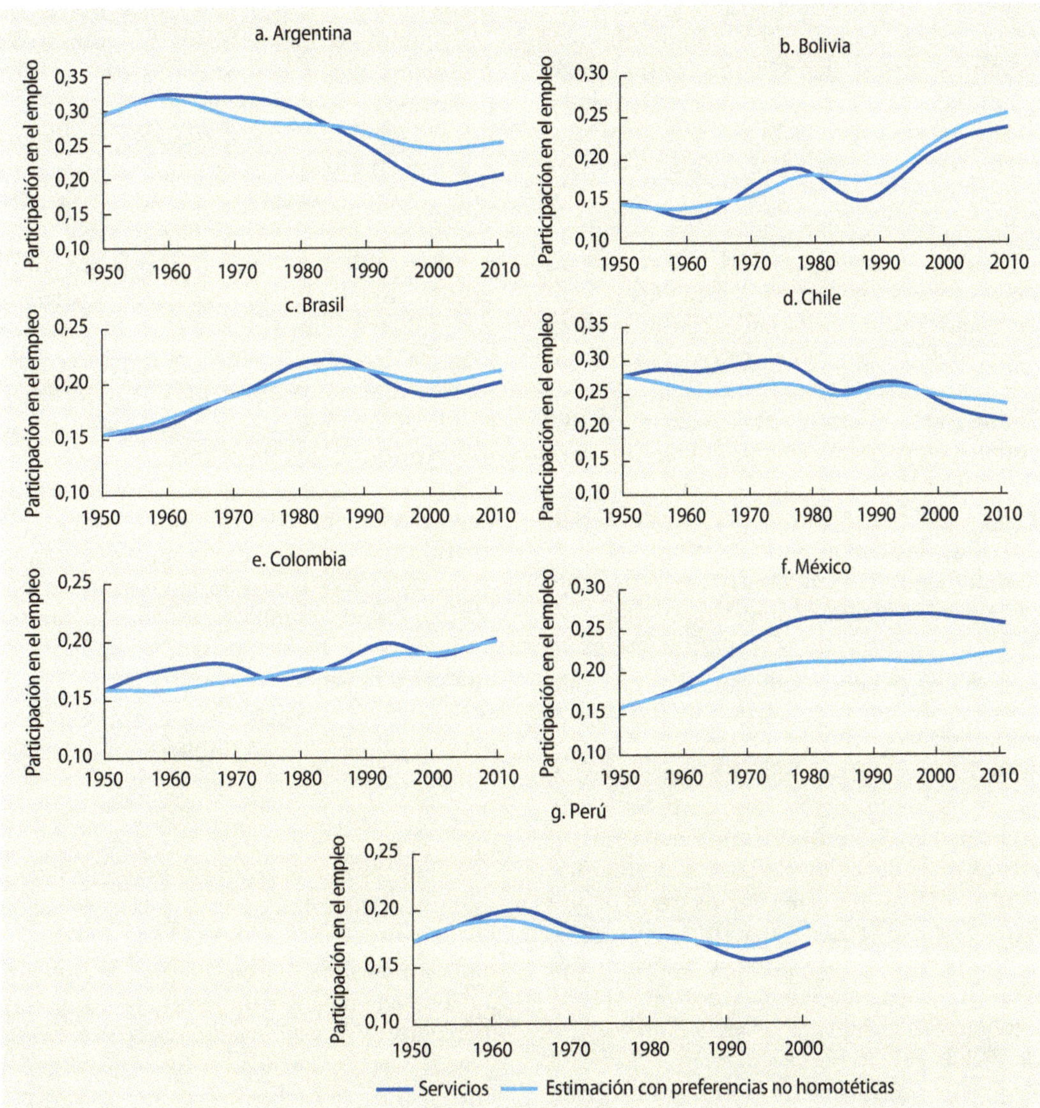

Fuente: Fattal Jaef, 2019.

productividad agregada. Para la región en su conjunto, los costos de producción están en el 0,1 %; esto es, la producción agregada sería un 0,1 % mayor si la región hubiera seguido la trayectoria prevista según el modelo. Está claro que las estimaciones de los costos son sumamente dependientes de la elección de la referencia eficiente. Por lo tanto, los resultados deberían interpretarse con cautela.

A primera vista, y en vista de los *trade-offs* del modelo subyacente, una de las interpretaciones de estos hallazgos es que los costos de la desindustrialización prematura no son incentivo suficiente para los responsables de la formulación de políticas como para justificar la implantación de políticas industriales que busquen remediarla. Si se tiene en cuenta cuán difícil es identificar la política que revertirá la distorsión en curso, además de la rigidez de los subsidios y los beneficios establecidos para incentivar la actividad manufacturera, las ganancias disponibles no parecen justificar los costos. Alternativamente, estos hallazgos podrían ser interpretados como el refuerzo de las razones para mejorar los fundamentos en lugar de la búsqueda para modificar el curso del cambio estructural mediante instrumentos de políticas. Una de las mejoras que podría traer la ralentización del proceso de desindustrialización, o un fortalecimiento de la industrialización en marcha, es el aumento de la productividad en el sector servicios.

Una segunda interpretación de estos resultados es que el modelo deja de lado muchas de las características del sector manufacturero que hacen que sea deseable subsidiar sus operaciones. En consecuencia, los cálculos de los costos de producción son apenas el límite inferior del total de costos de la desindustrialización prematura. Rodrik (2016) describe varios motivos por los cuales la industria manufacturera es especial respecto de otros sectores de una economía: características que no fueron explícitamente capturadas en el modelo. Una de dichas características que tendría efectos de primer orden sobre el bienestar es el papel destacado que normalmente tiene el sector manufacturero en la absorción de personal poco calificado. Dejar de lado la actividad industrial en una etapa temprana del desarrollo reduciría la demanda de personal poco calificado, generaría un incremento en la prima por capacitación (el coeficiente entre el salario del personal calificado y el poco calificado) y, por lo tanto, aumentaría la desigualdad.

Dicho esto, los datos sugieren que las políticas industriales costosas que introducen más distorsiones en la economía no están fácilmente garantizadas. Dadas las complejidades a la hora de implementar dichas políticas, su rigidez y la discreción subyacente en la elección de ganadores y perdedores, afrontar estos riesgos podría ser inútil. Eso no quiere decir que no exista lugar para que las políticas gubernamentales aborden cuestiones latentes en el sector industrial. De hecho, como se desarrolla en el capítulo 2, la productividad de la mano de obra en el sector industrial de América Latina y el Caribe es significativamente inferior a la de Estados Unidos. En particular, parece haber distorsiones importantes en el sector que podrían dar lugar a una distribución del tamaño de empresas altamente sesgada en favor de las pequeñas empresas y microempresas. Además, a medida que las nuevas tecnologías se van incluyendo en los procesos de producción, las inversiones complementarias en capital humano e infraestructura, además de la modernización de los marcos regulatorios, serán centrales en la competitividad permanente del sector industrial.

Conclusiones

Los datos sugieren que el comercio no ha sido un factor determinante en la explicación de los patrones observados de la estructura económica cambiante en la región de América Latina y el Caribe. Aunque el comercio sí es importante en casos específicos, como Corea y otros países pequeños, existe poca evidencia que apunte a la hipótesis de la ventaja comparativa para justificar los patrones de cambios estructurales en la región.

El papel de los insumos intermedios y de las relaciones insumo-producto entre los sectores, aparentemente, tiene cierta importancia cuantitativa a la hora de explicar la estructura económica observada en América Latina y el Caribe y otros países en desarrollo. Las relaciones insumo-producto parecen variar sistemáticamente conforme al grado de desarrollo, donde las naciones más avanzadas tienen sectores más interconectados. En un documento de referencia para este informe, Sinha (2019b) llega a la conclusión de que las distorsiones en los mercados intermedios podrían tener un papel importante, cuantitativamente, en la justificación del tamaño del sector industrial. Las distorsiones en el abastecimiento de insumos de servicios intermedios podrían tener un papel particularmente importante. Mantener las distorsiones de los insumos de servicios intermedios en su nivel mínimo observado en el período de 1995 a 2011 implicaría un sector industrial entre 2 y 2,5 puntos porcentuales mayor, un gran impacto considerando que la participación industrial es de alrededor de 20 puntos porcentuales.

El proceso de transformación estructural, que se documenta en detalle para una muestra de economías de América Latina y el Caribe para las cuales existen datos que se pueden comparar internacionalmente, confirma los hallazgos de Rodrik (2016). El proceso conocido como desindustrialización, en realidad, comenzó con niveles de PIB menores per cápita (con respecto a la experiencia de los países avanzados) y la participación de la manufactura en el valor agregado total alcanzó su pico a niveles menores en comparación con los países desarrollados.

Algunas de las características adicionales de este proceso son importantes para el debate sobre las políticas. Primero, el proceso de desindustrialización se refleja con mayor precisión en términos de la participación del empleo en lugar de la participación del valor agregado. Este patrón es similar al que se observa en Estados Unidos y podría estar vinculado a la incorporación de tecnologías que ahorran trabajo y aumentan la productividad (además, ayudan a mantener la participación del valor agregado), pero no fomentan la creación de puestos de trabajo.

Segundo, en consonancia con las diferencias entre los países en desarrollo, existe una heterogeneidad sustancial en cuanto a la etapa del proceso de desindustrialización en el que se encuentran. En las economías más desarrolladas de la región de América Latina y el Caribe, como Argentina y Chile, dicho proceso es pronunciado y persiste desde hace décadas. Los países menos desarrollados, como Brasil, Colombia y México, muestran un estancamiento o incrementos leves en su participación del empleo en el sector industrial. En el otro extremo, la economía menos desarrollada de la muestra de estudio, Bolivia, todavía se está industrializando, con una participación del empleo industrial en ascenso. Este hallazgo no implica que la desindustrialización no esté ocurriendo en dichos países. Y, sin embargo, respecto del desempeño de los países avanzados y dado su nivel de desarrollo, estos países deberían estar industrializándose a un ritmo mucho más rápido.

Tercero, un análisis basado en las participaciones puede presentar un panorama distorsionado de la realidad. El número absoluto de los puestos de trabajo del sector industrial es estable o creciente en la mayoría de los países de la región, incluidos Argentina y Chile, que han estado en vías de desindustrialización durante décadas. A la vez, la cantidad de puestos de trabajo en el sector servicios se ha disparado, y esto provocó una caída en la participación de puestos de trabajo en el sector industrial.

¿Es el proceso de desindustrialización en la región de América Latina y el Caribe «prematuro» en el sentido de ser ineficiente? Empíricamente, está claro que el pico de participación de la industria manufacturera alcanzado en las economías de América Latina y el Caribe fue más bajo que los alcanzados en los países de ingresos altos y que las participaciones decrecientes del sector industrial se dan a niveles menores de PIB per cápita. Lo que falta en esta evaluación empírica, sin embargo, es una evaluación sobre si se trató de un proceso eficiente (capaz de maximizar el crecimiento) o del resultado de las ineficiencias o distorsiones en la economía. Un documento de referencia elaborado para este informe por Fattal Jaef (2019) sostiene que, a pesar de que en promedio la región de América Latina y el Caribe se desindustrializó de forma prematura e ineficiente, los costos de producción reales asociados a este proceso fueron relativamente pequeños (del orden de 0,1 puntos porcentuales de la producción).

En conclusión, el proceso de desindustrialización prematuro que se observa en la región de América Latina y el Caribe desde la década de 1980 no ha sido muy costoso en términos de pérdida de producción. Sin embargo, esto no quiere decir que no haya espacio para mejoras o para políticas gubernamentales que mejoren la asignación de recursos en toda la economía. Se debe hacer hincapié en aumentar la productividad en todos los sectores y facilitar la transición de los trabajadores y los recursos entre los sectores. De hecho, tal como se discute en el siguiente capítulo, hay problemas de productividad en todos los sectores de la economía. Sin embargo, se debe prestar especial atención a la comprensión de los problemas de productividad específicos en el sector servicios. En la actualidad, este sector es el principal empleador en las economías de América Latina y el Caribe y se espera que continúe creciendo a medida que los países se desarrollen. Además, la escasez de los datos específicos del sector servicios es especialmente preocupante, ya que hay poca evidencia de los problemas que afectan a las empresas en dicho sector.

Notas

1. *Agricultura* se refiere a agricultura, silvicultura y pesca. *Industria* se refiere a minería y extracción, servicios públicos, construcción y manufactura. Para la mayoría de los países, la manufactura es el principal componente del sector industrial. Los servicios representan todas las otras industrias.
2. Esta fase del desarrollo se conoce como desindustrialización.
3. Estudios realizados en las décadas de 1950 y 1960, como los de Chenery (1960), Clark (1951) y Kuznets (1966), contribuyeron a documentar estos hechos estilizados del proceso de transformación estructural. Recientemente, Herrendorf, Rogerson y Valentinyi (2014), con datos de distintas fuentes, presentaron una explicación detallada del proceso que abarca muchos países en toda la distribución del ingreso mundial. También elaboraron un estudio exhaustivo de la literatura teórica y empírica.
4. El cambio tecnológico con sesgo por sector no es una condición necesaria para que los precios relativos fluctúen. Los precios relativos también pueden variar si en cambio los sectores difieren en la forma intensiva que utilizan ciertos insumos en lugar de otros, y si la oferta relativa de estos insumos cambia con el tiempo. Caselli y Coleman (2001) exploraron el cambio en la abundancia relativa de la mano de obra poco calificada y muy calificada, y Acemoglu y Guerrieri (2008) estudiaron la tendencia en la disponibilidad relativa del capital y trabajo durante el proceso de transformación.
5. Los investigadores también examinaron la influencia de otros factores, como los costos asociados al movimiento de bienes (véanse Adamopoulos, 2011; Gollin y Rogerson, 2014) y de mano de obra (véanse Dekle y Vandenbroucke, 2012; Lee y Wolpin, 2006) entre los diferentes sectores. En trabajos recientes y cada vez más abundantes, se está analizando de qué manera los vínculos intersectoriales interactúan con el proceso de transformación (Berlingieri, 2013; Sposi, 2015).
6. En 2002, aproximadamente el 83 % del producto de los servicios profesionales y empresariales fue vendido a empresas como insumos intermedios en comparación con el 44 % de la economía en su conjunto.
7. Con la posible excepción de Argentina. Logró un pico de en torno al 27 % en el sector manufacturero, que es comparable con el que lograron los que actualmente son países de ingresos altos.

Referencias

Acemoglu, D., and V. Guerrieri. 2008. "Capital Deepening and Nonbalanced Economic Growth." *Journal of Political Economy* 116 (3): 467–98.

Adamopoulos, T. 2011. "Transportation Costs, Agricultural Productivity, and Cross-Country Income Differences." *International Economic Review* 52 (2): 489–521.

Baumol, W. J. 1967. "Macroeconomics of Unbalanced Growth: The Anatomy of Urban Crisis." *American Economic Review* 57 (3): 415–26.

Berlingieri, G. 2013. "Outsourcing and the Rise in Services." CEP Discussion Paper 1199, Centre for Economic Performance, London School of Economics.

Bolt, J., R. Inklaar, H. de Jong, and J. Luiten van Zanden. 2018. "Rebasing 'Maddison': New Income Comparisons and the Shape of Long-run Economic Development." Maddison Project Working Paper 10. Groningen, The Netherlands: Groningen Growth and Development Centre (GGDC).

Buera, F. J., and J. P. Kaboski. 2012a. "The Rise of the Service Economy." *American Economic Review* 102 (6): 2540–69.

Buera, F. J., and J. P. Kaboski. 2012b. "Scale and the Origins of Structural Change." *Journal of Economic Theory* 147 (2): 684–712.

Caselli, F., and W. J. Coleman II. 2001. "The US Structural Transformation and Regional Convergence: A Reinterpretation." *Journal of Political Economy* 109 (3): 584–616.

Chenery, H. B. 1960. "Patterns of Industrial Growth." *American Economic Review* 50 (4): 624–54.

Clark, C. 1951. *The Conditions of Economic Progress*. London: Macmillan.

Dekle, R., and G. Vandenbroucke. 2012. "A Quantitative Analysis of China's Structural Transformation." *Journal of Economic Dynamics and Control* 36 (1): 119–35.

Fattal Jaef, R. N. 2019. "A Quantitative Evaluation of the Premature Deindustrialization Hypothesis in Latin America." Working paper. Washington, DC: World Bank

Feenstra, R. C., R. Inklaar, and M. P. Timmer. 2015. "The Next Generation of the Penn World Table." *American Economic Review* 105 (10): 3150–82. Available for download at www.ggdc.net/pwt.

Gollin, D., and R. Rogerson. 2014. "Productivity, Transport Costs and Subsistence Agriculture." *Journal of Development Economics* 107: 38–48.

Herrendorf, B., R. Rogerson, and A. Valentinyi. 2013. "Two Perspectives on Preferences and Structural Transformation." *American Economic Review* 103 (7): 2752–89.

Herrendorf, B., R. Rogerson, and A. Valentinyi. 2014. "Growth and Structural Transformation." In *Handbook of Economic Growth*, 2: 855–941. Amsterdam: Elsevier.

Kongsamut, P., S. Rebelo, and D. Xie. 2001. "Beyond Balanced Growth." *Review of Economic Studies* 68 (4): 869–82.

Kuznets, S. 1966. *Modern Economic Growth: Rate, Structure, and Spread*. New Haven, CT: Yale University Press.

Lee, D., and K. I. Wolpin. 2006. "Intersectoral Labor Mobility and the Growth of the Service Sector." *Econometrica* 74 (1): 1–46.

Matsuyama, K. 2009. "Structural Change in an Interdependent World: A Global View of Manufacturing Decline." *Journal of the European Economic Association* 7 (2–3): 478–86.

Ngai, L. R., and C. A. Pissarides. 2007. "Structural Change in a Multisector Model of Growth." *American Economic Review* 97 (1): 429–43.

Rodrik, D. 2012. "Unconditional Convergence in Manufacturing." *Quarterly Journal of Economics* 128 (1): 165–204.

Rodrik, D. 2016. "Premature Deindustrialization." *Journal of Economic Growth* 21 (1): 1–33.

Sinha, R. 2019a. "Distortions in Intermediate Markets and Structural Transformation in Latin America." Working paper. Washington, DC: World Bank.

Sinha, R. 2019b. "What Explains Latin America's Low Share of Industrial Employment?" Policy Research Working Paper 8791. Washington, DC: World Bank.

Sposi, M. J. 2019. "Evolving Comparative Advantage, Sectoral Linkages, and Structural Change." *Journal of Monetary Economics* 103 (May): 75–87.

Święcki, T. 2017. "Intersectoral Distortions and the Welfare Gains from Trade." *Journal of International Economics* 104: 138–56.

Teignier, M. 2018. "The Role of Trade in Structural Transformation." *Journal of Development Economics* 130: 45–65.

Timmer, M. P., G. J. de Vries, and K. de Vries. 2015. "Patterns of Structural Change in Developing Countries." In *Routledge Handbook of Industry and Development*, edited by J. Weiss and M. Tribe, 65–83. Abdingdon-on-Thames, UK: Routledge.

Uy, T., K.-M. Yi, and J. Zhang. 2013. "Structural Change in an Open Economy." *Journal of Monetary Economics* 60 (6): 667–82.

La productividad en la región de América Latina y el Caribe: una visión sectorial

2

El capítulo 1 describió el fenómeno conocido como desindustrialización prematura y su impacto en el crecimiento de la productividad agregada en las economías de la región de América Latina y el Caribe. En este capítulo se analiza la dinámica de la productividad en cada sector y sus implicancias para la futura estructura económica de la región.

Lamentablemente, el panorama de la productividad en la región es preocupante. Los problemas de productividad generalizados están afectando a todos los sectores de la economía de la región (véase el gráfico 2.1). En promedio, la región presenta la mayor brecha de productividad (con relación a Estados Unidos) en el sector agrícola. Aunque la brecha es menor en el sector industrial, la producción por trabajador representa menos del 40 % de la productividad del sector industrial de Estados Unidos. Tal vez lo más preocupante sea la brecha en el sector servicios, que emplea más del 60 % de la mano de obra. La productividad del sector servicios en la región de América Latina y el Caribe es aproximadamente el 25 % de la de Estados Unidos.

Aunque la productividad agrícola ha aumentado en la región de América Latina y el Caribe, sigue representando menos del 20 % de la producción por trabajador en Estados Unidos. Dos vías principales para el crecimiento de la productividad son 1) mejorar la eficiencia técnica de los productores en vista de la tecnología existente y 2) ampliar la frontera de posibilidades de producción mediante el cambio a tecnologías nuevas y mejoradas. El estudio sobre qué políticas son más relevantes debería realizarse a nivel subnacional. Aunque la producción de soja en algunas zonas de Brasil y Argentina parece estar operando en la frontera de eficiencia, en otras regiones de estos países es posible encontrar agricultores de subsistencia de baja productividad.

En cuanto al sector industrial —específicamente el sector manufacturero— la evidencia revela un grado sustancial de asignación ineficiente entre las empresas. La distribución del tamaño de las empresas está sesgada hacia las pequeñas empresas y microempresas. Este resultado apunta a distorsiones en el mercado que están impidiendo la consolidación y el crecimiento de las empresas más productivas. Por lo tanto, es necesaria la acción gubernamental para establecer políticas que fomenten la competencia, como el comercio internacional y la profundización

GRÁFICO 2.1 Productividad sectorial por trabajador en la región de ALC con relación a la de Estados Unidos: países seleccionados, 2010

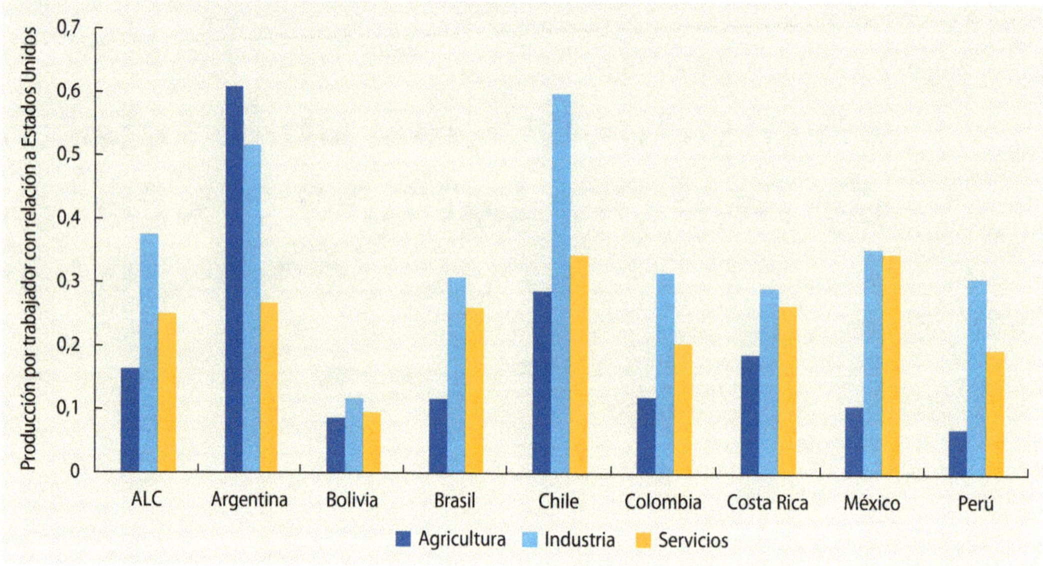

Fuentes: Cálculos originales para esta publicación utilizando la base de datos de 10 sectores del GGDC (Timmer, De Vries y De Vries, 2015); base de datos Maddison (Bolt *et al.*, 2018).
Nota: El gráfico muestra la producción por trabajador relativa en ocho países de la región de ALC. La producción sectorial por país se calcula ponderando el PIB total en dólares internacionales de 2011 por la participación del valor sectorial agregado.

de los acuerdos comerciales regionales. También requiere la revisión de las políticas que dependen del tamaño (o de su aplicación) y que parecen obstaculizar el crecimiento de las empresas productivas e incentivar la informalidad.

Una de las ideas principales del presente informe es que se necesita urgentemente un conjunto amplio de medidas de políticas para abordar los problemas de la productividad en el sector servicios. El sector ya emplea más del 60 % de la mano de obra en la región de América Latina y el Caribe, y las tendencias actuales apuntan a que continuará creciendo y será la principal fuente de creación de empleo en el futuro. Aunque la escasez de datos sobre el sector servicios es un obstáculo para un diagnóstico más claro, existen indicios que evidencian que este sector tiene un mayor grado de asignación ineficiente si se compara con el industrial.

Pero no todo son malas noticias en el alza del sector servicios. Este comparte cada vez más características favorables al desarrollo que antes se identificaban como exclusivas del sector industrial. Los rápidos avances en las TIC han favorecido la aparición de subsectores del sector servicios que ya no están restringidos por el tamaño del mercado porque cada vez más servicios pueden almacenarse digitalmente, codificarse y comercializarse fácilmente (Ghani y Kharas, 2010). Mientras tanto, la desregulación de los mercados de servicios ha estado acompañada de grandes entradas de IED. Por lo tanto, ciertos subsectores del sector servicios se parecen cada vez más al sector manufacturero (con exposición al comercio y a las entradas de IED), lo que permite una mayor competencia, difusión de la tecnología y beneficios de escala. Pero hay que tener en cuenta que dichos servicios generalmente demandan trabajadores altamente calificados y, por lo tanto, requieren a su vez inversiones significativas en el capital humano de la fuerza laboral.

Los servicios también proveen insumos para el resto de la economía. De acuerdo con Álvarez *et al.* (2019), el sector servicios de la región de América Latina y el Caribe tiene el mayor grado de encadenamientos hacia adelante (también denominados «de empuje»). Dicho de otra forma, el sector servicios está estrechamente interrelacionado con el resto de la economía y es el sector más importante por lo que respecta a la provisión de insumos. La reciente tendencia a la «servicificación» de la industria manufacturera indica que se están utilizando más servicios como insumos en la producción de bienes (servicios incorporados) y que se prestan más servicios vinculados a los bienes (servicios integrados). Por lo tanto, el aumento de la productividad de los servicios básicos —como la logística, las TIC y los servicios prestados a empresas— podría provocar un efecto dominó en toda la economía, lo que tendría un mayor impacto en la productividad agregada total. De hecho, en un documento de referencia para este informe, Sinha (2019b) observa que las reducciones en el costo de los insumos de servicios podrían tener efectos cuantitativamente importantes en el tamaño del sector industrial.

La estructura de la economía de América Latina y el Caribe está cambiando, y los requisitos para el crecimiento de la productividad dentro de los sectores están aumentando. En este capítulo se analiza primero la productividad del sector agrícola antes de documentar la dinámica de la productividad en los sectores industrial y servicios. Por último, se analizan las intervenciones de políticas para mejorar el crecimiento de la productividad en el futuro.

La productividad en la agricultura

¿Cuál ha sido el desempeño histórico del crecimiento de la productividad agrícola en la región de América Latina y el Caribe? Esta es una pregunta difícil de responder porque la productividad agrícola y sus determinantes a menudo se han medido de manera inexacta y se han comprendido de manera imperfecta. Muchas regiones han logrado ganancias significativas en la productividad de la mano de obra agrícola a lo largo del tiempo, pero una gran proporción de las ganancias proviene de un uso más intensivo de otros insumos complementarios, como los fertilizantes, la maquinaria, la energía y el riego. Dado que el uso más intensivo de estos otros insumos aumenta los costos, es probable que las medidas de productividad parcial, como la productividad de la tierra y de la mano de obra, sobrevaloren los efectos del cambio de la productividad en el bienestar. Por esta razón, es deseable un concepto más amplio de la productividad agrícola. La medida más amplia utilizada es la productividad total de los factores (PTF). La PTF se define como la relación entre la producción agregada y los insumos agregados, por lo que tiene en cuenta todos los factores que intervienen en el proceso de producción (como la tierra, la mano de obra, el capital y otros recursos materiales) y los compara con la producción total de cultivos y ganado. Si la producción total crece más rápidamente que el total de los insumos, se dice que la PTF está aumentando. Si el total de la producción crece más lentamente que el total de los insumos, se dice que la PTF está disminuyendo.

Varios autores han estimado el crecimiento anual promedio a largo plazo de la PTF agrícola para países de América Latina y el Caribe individualmente o para la región en su conjunto. Recientemente, Trindade y Fulginiti (2015) utilizaron dos métodos diferentes —la frontera estocástica de producción y el Índice de Malmquist— para estimar el crecimiento de la PTF agrícola de un subconjunto de países de América Latina en el período 1969-2009. Los resultados de los dos enfoques fueron similares, mostrando un crecimiento promedio de la PTF de alrededor del 2,3 % anual durante la primera década del siglo XXI. El crecimiento anual promedio positivo en la PTF agrícola en la región de América Latina y el Caribe es un resultado compartido tanto por estos estudios más recientes como por los estudios que los precedieron.

Históricamente, el crecimiento de la PTF ha sido un vector importante del crecimiento de la producción. El gráfico 2.2 muestra que, a partir de finales de los años 80 y durante más de dos décadas, el crecimiento de la PTF aumentó de forma constante en la región de América Latina y el Caribe antes de alcanzar su máximo en 2005. A lo largo de este período, el crecimiento de la

GRÁFICO 2.2 **Producción agrícola y crecimiento de la PTF: región de ALC, 1981-2014**

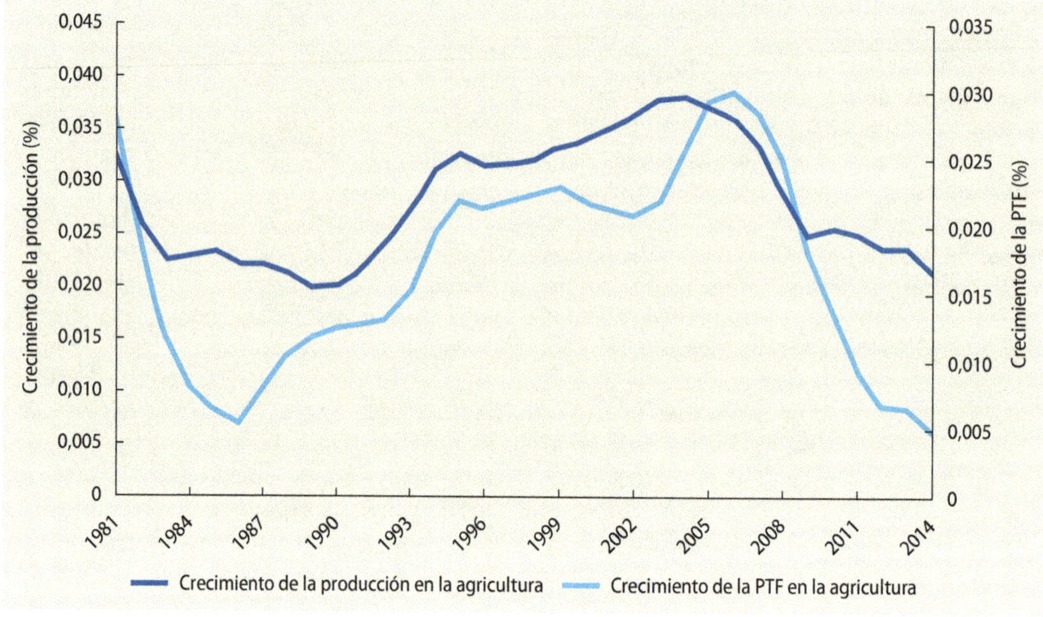

Fuente: Cálculos originales para esta publicación utilizando la base de datos de índices de crecimiento de la PTF agrícola del Departamento de Agricultura de Estados Unidos (Fuglie, 2015; Fuglie *et al.*, 2012), suavizada utilizando el filtro de Hodrick-Prescott con lambda = 6.

producción siguió una trayectoria paralela. No obstante, desde 2005, el crecimiento de la PTF cayó drásticamente, acompañado de una desaceleración del crecimiento de la producción. Sin embargo, el crecimiento de la producción no se desaceleró tan bruscamente como el crecimiento de la PTF porque los productores compensaron esta desaceleración del crecimiento de la PTF recurriendo a la intensificación de los insumos, especialmente a la expansión de las tierras (véase Fuglie *et al.*, 2012).

Como cabía esperar, de acuerdo con la relación que se muestra en el gráfico 2.2, cuando se traza el crecimiento de la PTF con relación al crecimiento de la producción de los distintos países, surge una fuerte correlación positiva. Esta relación es válida no solo para los países con sectores agrícolas modernizados y tecnológicamente avanzados, sino también para los países con un gran número de productores de subsistencia (véase el gráfico 2.3). En los principales productores agrícolas, como Brasil, Chile, México y Perú, el alto crecimiento de la PTF se correlaciona fuertemente con el alto crecimiento de la producción, pero ocurre lo mismo en los países menos desarrollados, como Guatemala, Haití, Honduras y Nicaragua. Estos últimos países aún tienen grandes segmentos de la población empleados en sectores agrícolas que se están modernizando. La fuerte correlación positiva solo es inexistente en dos países: Bolivia y Belice. Bolivia experimentó un fuerte crecimiento de la producción promedio y un crecimiento negativo de la PTF, mientras que Belice tuvo un crecimiento de la producción a pesar de registrar un crecimiento negativo de la PTF.

Una limitación de analizar la productividad a nivel regional es que los datos regionales esconden una gran variabilidad entre países. Esta variabilidad puede observarse en el gráfico 2.4, que descompone por subregión el crecimiento agrícola registrado entre 2005 y 2014. La desaceleración del crecimiento regional de la PTF después de 2005 se debió principalmente a un crecimiento más lento en las regiones del Cono Sur y los Andes; el crecimiento de la PTF se mantuvo

GRÁFICO 2.3 Correlación entre el crecimiento de la producción y el crecimiento de la PTF: países de ALC, 2001-14

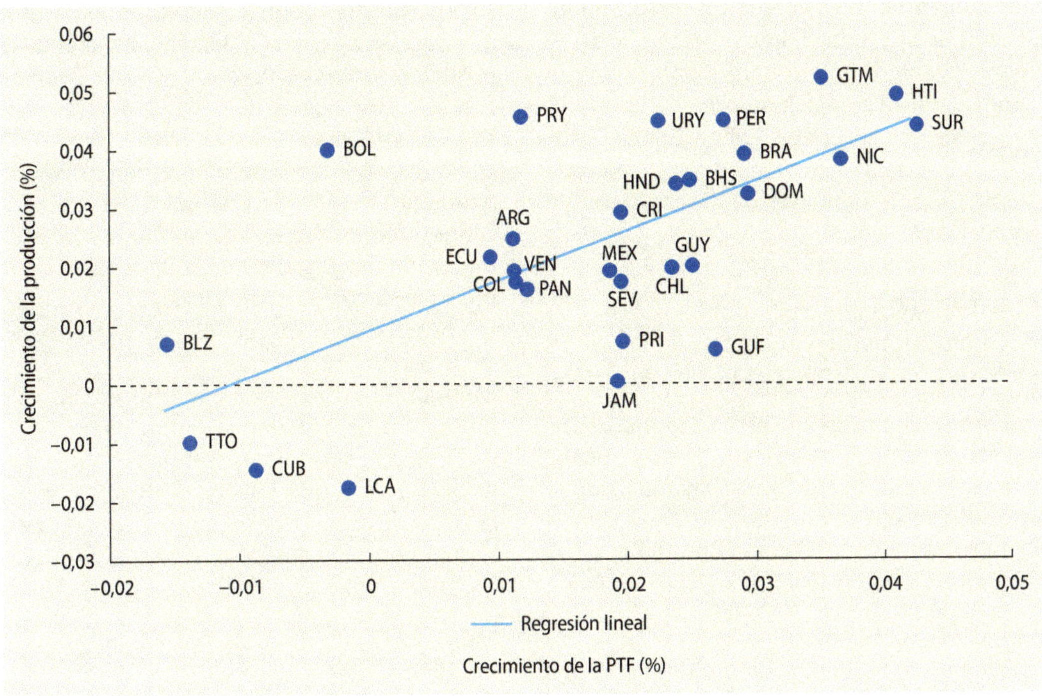

Fuente: Cálculos originales para esta publicación utilizando la base de datos de índices de crecimiento de la PTF agrícola del Departamento de Agricultura de Estados Unidos (Fuglie, 2015; Fuglie *et al.*, 2012).
Nota: Para las abreviaciones de los países, consúltese la Organización Internacional de Normalización (ISO), http://www.iso.org/obp/ui/#search.

GRÁFICO 2.4 Descomposición del crecimiento: América Latina por región y Estados Unidos, 2005-14

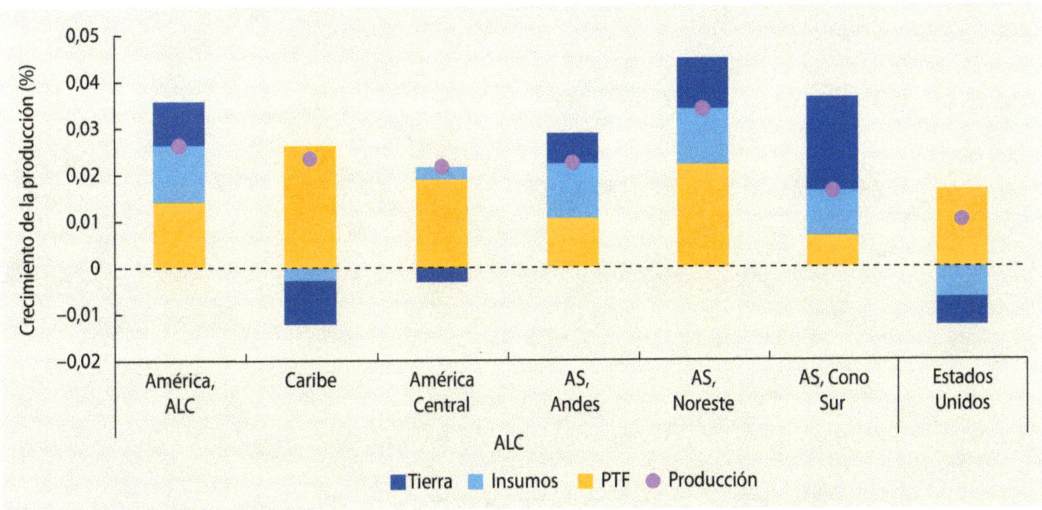

Fuente: Cálculos originales para esta publicación utilizando la base de datos de índices de crecimiento de la PTF del Departamento de Agricultura de Estados Unidos (Fuglie, 2015; Fuglie *et al.*, 2012).
Nota: América, ALC se refiere al promedio regional; AS = América del Sur.

firme en América Central, la región del Caribe y el Noreste. Mientras tanto, la tierra contribuyó en gran medida al crecimiento general de la producción en el Cono Sur y el Noreste, donde la frontera agrícola siguió expandiéndose rápidamente. En cambio, en la región de América Central y el Caribe la frontera terrestre se contrajo a medida que la tierra se convirtió de usos agrícolas a no agrícolas.

Fuentes de futuro crecimiento de la productividad agrícola en la región de América Latina y el Caribe

Independientemente de que la productividad del sector agrícola sea mayor, igual o menor que la de otros sectores, la capacidad de la agricultura para contribuir al crecimiento de la productividad en la economía general depende del tamaño del sector agrícola y de la tasa de crecimiento de la productividad agrícola. Por ello, es importante considerar el tamaño del sector agrícola en los países de América Latina y el Caribe, así como las posibles fuentes de crecimiento futuro de la productividad agrícola.

¿En qué medida han contribuido la agricultura y los sistemas alimentarios de América Latina y el Caribe al crecimiento económico y la diversificación? La importancia de la agricultura en la economía de un país se mide tradicionalmente como la contribución directa de las actividades de producción primaria al PBI general[1]. Medida de esta manera, la importancia de la agricultura primaria como parte de la economía general ha disminuido en muchos países de América Latina y el Caribe, pero la agricultura y los sistemas alimentarios siguen contribuyendo de manera significativa al crecimiento (véase el gráfico 2.5).

GRÁFICO 2.5 Relación entre el valor agregado y el empleo en la agricultura: países seleccionados de ALC, 2017

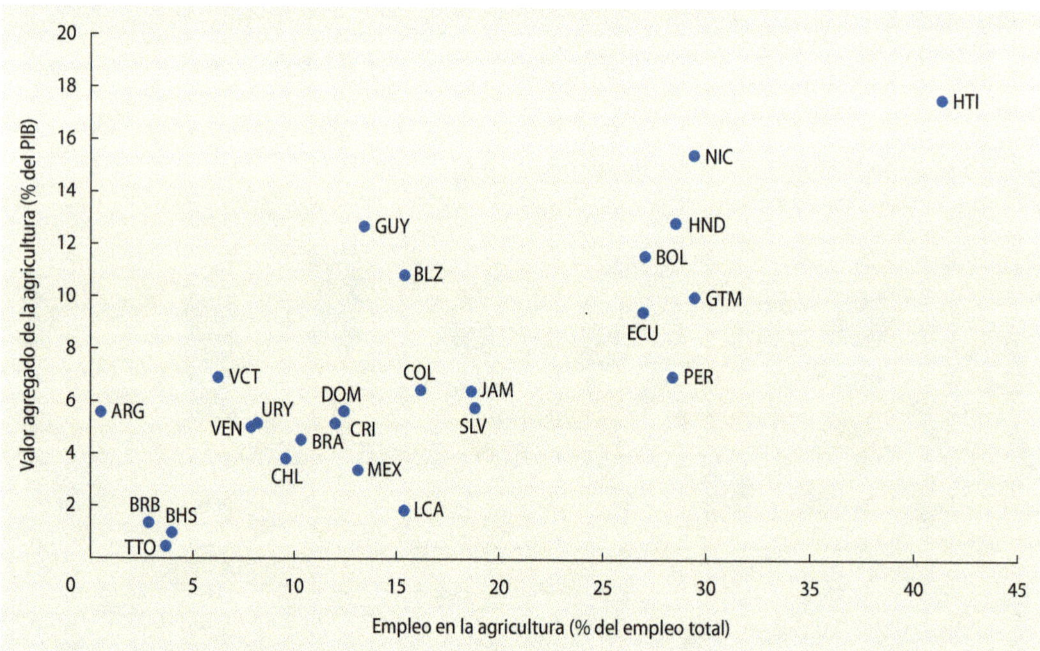

Fuente: Cálculos originales para esta publicación utilizando la base de datos de Indicadores del Desarrollo Mundial del Banco Mundial, 2019 (https://datacatalog.worldbank.org/dataset/world-development-indicators).
Nota: Para las abreviaciones de los países, consúltese la Organización Internacional de Normalización (ISO), http://www.iso.org/obp/ui/#search.

Tasa de crecimiento de la productividad agrícola en los países de América Latina y el Caribe

Como se acaba de señalar, la capacidad de la agricultura para contribuir al crecimiento de la productividad en la economía general depende no solo del tamaño del sector agrícola, sino también de la tasa de crecimiento de la productividad agrícola. Como se muestra en el gráfico 2.6, se pueden distinguir dos fuentes de crecimiento conceptualmente distintas: 1) la que se logra al mejorar la eficiencia técnica de los productores mediante la tecnología existente y 2) la que se logra al desplazar la frontera de las posibilidades de producción mediante el cambio a una tecnología nueva y mejorada.

GRÁFICO 2.6 Fuentes del crecimiento de la productividad agrícola

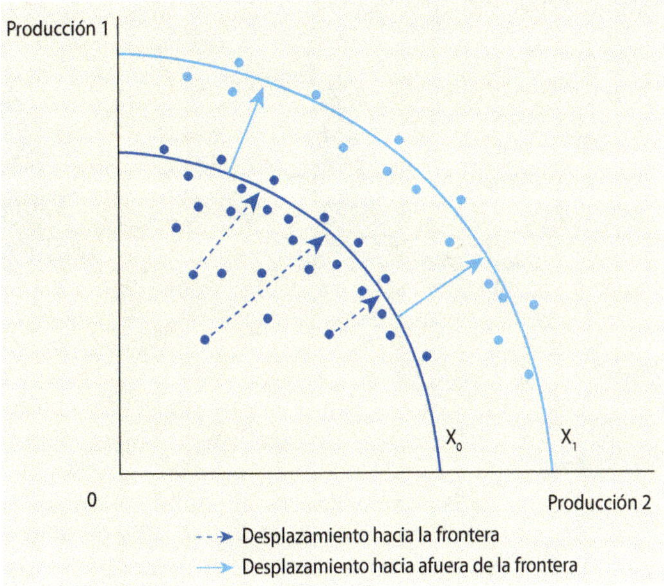

Fuente: Cálculos originales para esta publicación.

Avanzando hacia la frontera de posibilidades de producción

¿Qué posibilidades hay de propiciar el futuro crecimiento de la productividad agrícola al acercar a los productores ineficientes a la frontera de las posibilidades de producción? Los trabajos recientes realizados en Perú por Espinoza *et al.* (2018) utilizando un enfoque de metafrontera estocástica de producción sugieren que es probable que el potencial varíe significativamente según la región, el tipo de agricultor y el sistema de producción (gráfico 2.7). En la región de Costa, donde predomina una agricultura comercial tecnológicamente avanzada y altamente productiva, la gran mayoría de los agricultores operan con altos niveles de eficiencia y se agrupan cerca de la frontera de eficiencia. En la región de Sierra, en la que predominan sistemas de pequeños agricultores de subsistencia, que se caracterizan por un uso limitado de tecnología mejorada e insumos adquiridos, los niveles de eficiencia son más variables y se sitúan más lejos de la frontera. En la región de Selva, que alberga un conjunto de plantaciones comerciales tecnológicamente avanzadas y explotaciones de subsistencia poco avanzadas en tecnología, la distribución es muy plana y dispersa, lo que indica la presencia de una gran variabilidad en los niveles de eficiencia. Estos resultados revelan que, en contextos como los de las regiones de Sierra y Selva, todavía existe un margen considerable para acelerar el crecimiento de la productividad al acercar a los productores ineficientes a la frontera; es decir, brindándoles los conocimientos, recursos e incentivos necesarios para ponerse al nivel de los productores más eficientes.

¿Cuáles son los puntos de acceso para ayudar a los productores a mejorar la eficiencia técnica y acercarse a la frontera de las posibilidades de producción existente? Una extensa literatura empírica proporciona información sobre los factores que pueden influir en la eficiencia técnica de las explotaciones. Los principales factores que desempeñan un papel crucial de manera sistemática se describen en las siguientes secciones.

Tierras. En la región de América Latina y el Caribe, como en otras partes, los mercados de la tierra suelen ser imperfectos. La cesión de tierras tiende a estar sujeta a factores culturales, políticos o institucionales que pueden aumentar los costos de transacción e influir en los resultados. La propiedad de las tierras agrícolas suele estar distribuida de manera desigual, y en muchos países coexisten grandes cantidades de explotaciones agrícolas muy pequeñas con pequeñas cantidades

GRÁFICO 2.7 **Histograma de eficiencia metatécnica, Perú por región**

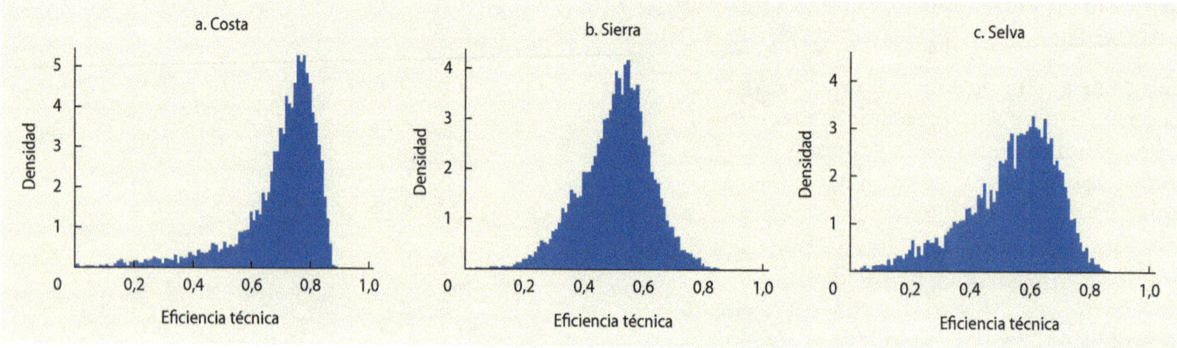

Fuente: Espinoza *et al.*, 2018.

de explotaciones muy grandes. Si el tamaño de las explotaciones agrícolas no estuviera relacionado con la productividad, esto podría ser irrelevante; pero si el tamaño de la explotación agrícola influye en la productividad, en la medida en que los mercados de la tierra impiden la consolidación o división de las explotaciones agrícolas, la productividad podría verse afectada.

¿Cuál es la relación entre el tamaño de las explotaciones agrícolas y la productividad? Encontrar una respuesta a esta pregunta se ha convertido en un rompecabezas perenne para la economía del desarrollo (Barrett, Bellemare y Hou, 2010; Eastwood, Lipton y Newell, 2010). Basándose en ideas articuladas por primera vez por Schumacher (1973) en su obra clásica *Small Is Beautiful: Economics as If People Mattered*, muchos estudios empíricos que cubren una amplia gama de contextos han establecido el hecho estilizado de que el tamaño de la explotación agrícola y la productividad están inversamente relacionados. Entre las principales explicaciones de este fenómeno figuran las imperfecciones de los mercados de trabajo, de la tierra y de crédito (Eswaran y Kotwal, 1989; Sen, 1966), el riesgo moral entre los empleadores y la mano de obra agrícola contratada (Feder, 1985), la aversión al riesgo de los precios (Barrett, 1996) y las cuestiones de medición e identificación (Assuncão y Braido, 2007; Benjamin, 1992; Carletto, Savastano y Zezza, 2013). Sin embargo, como las explicaciones teóricas existentes no logran explicar plenamente la relación inversa observada, el debate persiste sobre la naturaleza y la intensidad de la relación. De hecho, esto ha influido en el debate sobre la reforma agraria en la región de América Latina y el Caribe y ha puesto de relieve las limitaciones de la productividad agrícola en la región, así como las oportunidades para generar un crecimiento de la productividad más rápido.

La relación entre el tamaño de la explotación agrícola y la productividad, medida como la PTF, puede ser dinámica, evolucionando en el tiempo y en todas las regiones agrícolas. Helfand y Taylor (2016) comparan resultados de estudios sobre regiones de Brasil y concluyen que en algunas la relación inversa entre el tamaño de la explotación y la productividad ha persistido, mientras que en otras ha adquirido una forma de U. Lo más interesante es que, en algunas regiones que se están modernizando rápidamente, una relación positiva directa ha comenzado a reemplazar la relación inversa. Para agregar complejidad a esta cuestión, estudios recientes en México sugieren que la relación entre el tamaño de la explotación agrícola y la productividad no solo puede evolucionar con el tiempo, sino que el cambio tecnológico podría producirse a ritmos diferentes en todo el espectro de tamaños de la explotación y estar acompañado de cambios en los niveles de eficiencia porque los productores de las diferentes categorías del tamaño de la explotación varían en su capacidad para mantenerse actualizados (véase el cuadro 2.1).

CUADRO 2.1 ¿Beneficia el cambio tecnológico por igual a pequeñas y grandes explotaciones agrícolas? Evidencia de México

Helfand y Taylor (2016) exploran la relación entre el tamaño de la explotación agrícola y la productividad en México e identifican factores asociados con la ineficiencia. En un trabajo anterior de Kagin, Taylor y Yúnez-Naude (2016), que utiliza datos de la Encuesta Nacional a Hogares Rurales de México (ENHRUM), se observó una relación inversa entre el tamaño de la explotación agrícola y la productividad; en parte, debida a que las explotaciones más grandes se encontraban más lejos de la frontera de eficiencia (es decir, las explotaciones más pequeñas eran más eficientes). Utilizando una base de datos diferente de la Encuesta Nacional sobre Niveles de Vida de los Hogares de México (ENNViH)[a], Helfand y Taylor (2016) amplían los resultados de Kagin, Taylor y Yúnez-Naude y exploran cómo podría haber cambiado la relación a lo largo del tiempo.

Helfand y Taylor (2016) identifican una relación inversa entre el tamaño de la explotación agrícola y la productividad de la tierra en todo el rango de tamaños de la explotación; una relación que es consistente a lo largo del tiempo y en todas las muestras. Cada año, la productividad de la tierra cae rápidamente hasta aproximadamente una hectárea. En torno a una hectárea, los niveles de relación se vuelven relativamente planos hasta aproximadamente 20 hectáreas, punto en el cual la productividad de la tierra vuelve a disminuir drásticamente.

Los autores adoptan dos enfoques complementarios para explorar la relación entre el tamaño de la explotación agrícola y la PTF[b]. En primer lugar, utilizan una función de producción media para estimar la PTF promedio y explorar la relación entre el tamaño de la explotación agrícola y la PTF. En segundo lugar, utilizan una frontera estocástica de producción para estimar 1) la PTF a lo largo de la frontera y 2) la ineficiencia técnica, identificada como desviaciones de la frontera. Utilizando el enfoque de la función de producción promedio, encuentran una relación inversa estadísticamente significativa entre el tamaño de la explotación agrícola y la PTF. Sin embargo, las pruebas de varias especificaciones alternativas ponen de relieve la necesidad de adoptar una forma funcional flexible para comprender plenamente la relación entre el tamaño de la explotación agrícola y la productividad porque la especificación lineal no capta todos los matices.

El análisis de los autores que utilizan la función de producción promedio se complementa con un análisis que utiliza una frontera estocástica de producción para identificar la productividad en la frontera tecnológica, así como las fuentes de ineficiencias en la producción. El enfoque de la frontera estocástica de producción genera una comprensión de la dinámica del cambio tecnológico que es difícil de detectar utilizando el enfoque de la función de producción promedio. Las especificaciones alternativas de la frontera estocástica de producción, incluidas algunas que utilizan variables *dummy* del año de la encuesta, generan coeficientes que son en gran medida consistentes para indicar 1) la existencia de una fuerte relación inversa entre el tamaño de la explotación agrícola y la frontera de la PTF, y 2) la existencia de un cambio tecnológico positivo (es decir, la frontera aumenta con el tiempo). Por lo tanto, el análisis de la frontera estocástica encuentra un cambio tecnológico positivo en la frontera, aunque, en promedio, no se observa un aumento de la PTF.

Las interacciones entre el tamaño de la explotación agrícola y las variables *dummy* del año de la encuesta identifican una relación positiva y significativa entre el tamaño de la explotación agrícola y el cambio tecnológico, lo que sugiere que dicho cambio está sesgado hacia las explotaciones más grandes y que la relación inversa a lo largo de la frontera se ha vuelto menos pronunciada con el tiempo. Del mismo modo, las interacciones entre el tamaño de la explotación y las variables *dummy* del año de la encuesta revelan una relación dinámica entre el tamaño de la explotación y la ineficiencia técnica. Aunque la ineficiencia ha aumentado con el tiempo en toda la distribución de tamaño de las explotaciones agrícolas, esta ha aumentado más rápidamente entre las explotaciones más grandes. Los cambios diferenciales de ineficiencia en la distribución de tamaño de las explotaciones han provocado que la relación entre el tamaño de la explotación y la ineficiencia desaparezca en ondas posteriores de la ENNViH.

Helfand y Taylor concluyen que el cambio tecnológico en las explotaciones agrícolas mexicanas ha estado acompañado por una creciente ineficiencia

El cuadro continúa en la página siguiente

CUADRO 2.1 ¿Beneficia el cambio tecnológico por igual a pequeñas y grandes explotaciones agrícolas? Evidencia de México *(continuado)*

técnica. Este resultado sugiere que la mayoría de las explotaciones agrícolas no han podido lograr la misma tasa de crecimiento de la PTF que las explotaciones más productivas, particularmente en el extremo superior de la distribución de tamaño de las explotaciones. El aumento de la ineficiencia técnica que se origina por la falta de capacidad de los hogares no fronterizos para mantenerse al día acrecienta la disminución de la PTF en el tiempo establecido por las estimaciones de la función de producción promedio. Estos resultados son consistentes con la relación inversa invariable en el tiempo entre el tamaño de la explotación agrícola y la PTF. A lo largo de la frontera, la relación inversa entre el tamaño de la explotación agrícola y la productividad se vuelve menos pronunciada a medida que los avances tecnológicos favorecen a las explotaciones más grandes. Al mismo tiempo, los avances tecnológicos se han visto compensados por la creciente ineficiencia entre las grandes explotaciones agrícolas. La ineficiencia fue inicialmente menor para las explotaciones agrícolas más grandes, pero esto no se mantiene en las ondas posteriores de la ENNViH. La combinación de estas dos fuerzas ha dado lugar a una relación entre el tamaño de la explotación agrícola y la PTF, que se ha mantenido relativamente estable a lo largo del tiempo.

En resumen, el trabajo de Helfand y Taylor (2016) sugiere que un cambio tecnológico más rápido en el extremo superior de la distribución de tamaño de las explotaciones indica una ventaja para algunas explotaciones más grandes en el aprovechamiento de prácticas agrícolas más modernas. Sin embargo, esta ventaja no se ha extendido lo suficiente como para que se traduzca en una mayor PTF, debido a la incapacidad de los hogares no fronterizos para mantenerse al día.

a. Para obtener información más detallada sobre la composición de la ENNViH, la naturaleza del panel longitudinal de los datos, la representatividad y el tamaño y las características de la muestra, consúltese Helfand y Taylor (2016). Aunque no es representativa del sector agrícola mexicano *per se*, la ENNViH es representativa de los hogares mexicanos rurales y no rurales. Por lo tanto, el uso de la base de datos para estudiar la agricultura mexicana debe incluir una advertencia sobre la posibilidad de que las operaciones agrícolas comerciales de mayor envergadura tengan una representación insuficiente, en la medida en que no son explotaciones familiares. Una comparación con el censo agropecuario de 2007 revela que, tanto en el censo como en la ENNViH, menos del 5 % de las explotaciones agrícolas tienen más de 50 hectáreas. Sin embargo, estas «grandes» explotaciones agrícolas no son necesariamente las mismas que las que figuran en el censo porque son explotaciones familiares y no incluyen las operaciones agrícolas comerciales administradas por empresas.

b. Para más detalles, véase el anexo I de Helfand y Taylor (2016).

Insumos. Las diferencias entre la producción observada y la producción potencial pueden ser el resultado de que los productores no utilicen la cantidad óptima de insumos. Para ello, los productores deben tener acceso a los insumos, así como a los medios para adquirirlos. En ambas condiciones influye el acceso de los agricultores a los mercados de insumos, que es muy variable en América Latina y suele diferir entre regiones y entre tipos de agricultores en un mismo país.

Coelli y Rao (2003) estimaron la contribución de los insumos al crecimiento de la PTF en la agricultura para el período de 1980 a 2003. Utilizando un enfoque transnacional, calcularon los precios sombra y las participaciones sombra de los insumos para esclarecer los factores que influyen en el crecimiento de la productividad. Para la tierra y la mano de obra, las participaciones sombra parecen ser significativas y consistentes con las dotaciones de factores esperadas de los países. Las participaciones de los insumos adquiridos, incluidos fertilizantes, tractores, ganado y riego, son también plausibles y parecen apoyar la subutilización general de estos recursos en diferentes países. La idea general que surge de este trabajo es que el costo de los insumos suele ser un factor limitante para el crecimiento de la productividad agrícola en los países de América Latina y el Caribe, y el precio de la mano de obra desempeña un papel importante en el desarrollo de los países.

Otros autores han explorado el mismo tema utilizando enfoques micro. Por ejemplo, Solis, Bravo-Ureta y Quiroga (2009) investigaron la productividad de los agricultores de ladera en El Salvador y Honduras utilizando una frontera estocástica de distancia a nivel de hogar y orientada a los insumos. Los autores llegaron a la conclusión de que las diferencias en el uso de los insumos adquiridos (incluidos las semillas, los fertilizantes, los plaguicidas y la tracción animal contratada) explican las diferencias en los niveles de productividad entre agricultores. Además, los insumos adquiridos tienen un mayor impacto en la productividad entre agricultores que utilizan insumos adquiridos a niveles bajos, lo que sugiere que el grado de acceso a los insumos afecta al crecimiento de la productividad. Estas conclusiones coinciden con las de otros estudios a nivel micro que han llegado a la conclusión de que las limitaciones presupuestarias a menudo obligan a los agricultores de pequeña escala a emplear cantidades subóptimas de insumos. La conclusión general que se desprende de este trabajo es que el acceso a los insumos puede afectar de manera significativa al crecimiento de la productividad agrícola, y que existe una gran variabilidad en el nivel de acceso a los insumos en los países de América Latina y el Caribe.

Extensión. Los servicios de extensión agrícola pueden definirse como el «suministro de información a los agricultores». Estos servicios pueden desempeñar un papel importante al enseñar a los agricultores cómo mejorar su productividad y al trasladar los resultados de la investigación —generalmente información e innovaciones técnicas— del laboratorio al terreno. Anderson y Feder (2003) sostienen que las mejoras en la productividad solo son posibles cuando existe una brecha entre la productividad observada y la productividad potencial. Describen dos tipos de «brechas» que contribuyen al diferencial de productividad: la brecha tecnológica y la brecha administrativa. La extensión puede ayudar a reducir la diferencia entre los rendimientos potenciales y observados en las tierras de los agricultores, acelerando la transferencia de tecnología (reduciendo la brecha tecnológica) y ayudando a los agricultores a ser mejores administradores de las explotaciones agrícolas (reduciendo la brecha administrativa).

En una amplia literatura empírica se documentan muchos casos en los que los servicios de extensión han tenido un efecto mensurable en la productividad agrícola (para los resúmenes, véanse Alston *et al.*, 2000; Anderson, 2007; Birkhaeuser, Evenson y Feder, 1989; Evenson, 2000). Un problema práctico es que la mayoría de los estudios han examinado los efectos conjuntos de la investigación y la extensión porque ambas suelen ser cofinanciadas y coejecutadas. Son relativamente pocos los estudios en los que se han evaluado los efectos de los servicios de extensión por separado. Generalizando en la literatura empírica, es evidente que los servicios de extensión pueden acelerar significativamente el crecimiento de la productividad agrícola. Sin embargo, el efecto no está garantizado. Basándose en su revisión exhaustiva de la literatura, Anderson y Feder (2003) concluyen que los datos sobre los efectos de la extensión en el rendimiento de las explotaciones agrícolas son en realidad muy variados.

Finanzas. La financiación puede ser utilizada por los agricultores para acercar los niveles de insumos al nivel óptimo, lo que les permite acercarse a la frontera de la producción y aumentar la productividad y la producción. Existe un gran conjunto de trabajos empíricos de todo el mundo que muestran que un mejor acceso a la financiación está asociado con un aumento de la eficiencia técnica y una mayor productividad en la agricultura. Por ejemplo, basándose en una revisión de más de 30 estudios de 14 países en desarrollo, Bravo-Ureta y Pinheiro (1993) llegaron a la conclusión de que la utilización de créditos tiene un efecto positivo y estadísticamente significativo en la eficiencia técnica de las explotaciones agrícolas. Espinoza *et al.* (2018) utilizaron el análisis de frontera estocástica para explorar las fuentes de variabilidad en la productividad y la eficiencia de las explotaciones agrícolas de Perú. Estos autores llegaron a la conclusión de que el acceso a créditos estaba asociado a una menor ineficiencia.

Es interesante que, aunque hay abundantes indicios de que un mayor acceso a créditos está asociado a una mayor productividad y producción agrícolas en los hogares con limitaciones crediticias, el aumento de la productividad y la producción agrícolas no siempre se traduce en mayores ingresos netos. En Nicaragua, Carter (1989) observó que, aunque el uso de créditos tenía un impacto positivo en la producción, no se traducía en un aumento de los ingresos netos medidos a precios de mercado.

Educación. El impacto positivo de la educación en la producción y la eficiencia agrícolas está respaldado por numerosos estudios empíricos. La educación mejora la capacidad de los agricultores para tomar decisiones y les permite elegir una combinación diferente de insumos y asignar los recursos de manera más eficiente (el llamado efecto de asignación). La educación también puede tener un «efecto trabajador» o «efecto técnico» en el que los agricultores simplemente pueden utilizar una determinada cantidad de recursos de manera más eficiente (Reimers y Klasen, 2013).

Estudios empíricos han documentado cómo el aumento de los años de escolarización suele dar lugar a niveles más altos de producción agrícola. Reimers y Klasen (2013) analizaron el impacto de la educación en la productividad agrícola en 95 países en desarrollo entre 1961 y 2002, y observaron un aumento del 3 % en la productividad agrícola por cada año de escolarización.

Gestión de riesgos. El riesgo está asociado a todos los procesos de producción, especialmente en la agricultura. El riesgo proviene de la incertidumbre, que se origina en un conocimiento imperfecto. Por consiguiente, el riesgo puede considerarse como la exposición a consecuencias inciertas que resultan de un conocimiento imperfecto (Hardaker *et al.*, 2015). En la agricultura, el conocimiento imperfecto puede aplicarse a muchos factores, entre ellos las condiciones agroclimáticas, las condiciones del mercado, los regímenes políticos y el comportamiento de los principales actores. En una vasta literatura empírica se ha constatado que la aversión al riesgo es común entre todos los grupos de agricultores, especialmente entre los pequeños agricultores que cuentan con pocos recursos en épocas de déficit productivo. El nivel de ingresos y diversas variables socioeconómicas suelen influir en las actitudes de los agricultores respecto del riesgo, lo que a su vez afecta a su adopción de tecnología y, por consiguiente, a la productividad. En ausencia de mercados de seguros que funcionen bien, los agricultores a menudo tienen dificultades para compartir o mancomunar los riesgos. Como resultado, pueden optar por invertir menos (o de manera diferente) de lo que hubieran hecho si hubiera un seguro disponible. Por ejemplo, cuando los agricultores se enfrentan al riesgo de un clima impredecible o de precipitaciones erráticas, pueden optar por no invertir en variedades de alto rendimiento o en fertilizantes que puedan aumentar la productividad agrícola. Utilizando datos de encuestas realizadas en Honduras, Nicaragua y Perú, Boucher, Carter y Guirkinger (2008) muestran que, a falta de un seguro que proteja contra las pérdidas, los prestamistas tienden a trasladar el riesgo a los prestatarios, lo que, a su vez, hace que los prestatarios se retiren del mercado crediticio. Este resultado reduce la inversión de los agricultores y afecta negativamente a la productividad agrícola.

Según datos de América Latina, la demanda de seguros agrícolas es alta, y los agricultores con acceso a seguros tienden a realizar inversiones agrícolas de mayor envergadura. Además, los agricultores que tienen seguros toman decisiones de producción más arriesgadas que los que no los tienen; es decir, invierten más frente a la incertidumbre. Los seguros brindan a los agricultores un incentivo para asumir más riesgos y favorecen la adopción de tecnología, lo que se traduce en una mayor productividad y rentabilidad a largo plazo.

Conectividad. El efecto de la conectividad en la productividad agrícola ha recibido más atención en los últimos años. Helfand y Levine (2004) estudiaron los determinantes de la eficiencia productiva en la agricultura del centro-oeste de Brasil y descubrieron que el acceso a los mercados facilitado por las nuevas infraestructuras es un importante determinante de la eficiencia agrícola. En los casos en que los productores están aislados, los costos de transacción inducidos por el transporte deprimen la productividad al alterar los precios relativos de tal manera que el uso de los insumos se reduce. Para estudios de América Latina, véanse, por ejemplo, Goyal y González-Velosa (2012) y Calderón y Servén (2010).

Los costos de transacción inducidos por el transporte también pueden afectar a la productividad al influir en la elección de los cultivos. Los elevados costos de transporte empujan a los agricultores a cultivar alimentos que puedan almacenarse fácilmente en lugar de cultivos comerciales perecederos como verduras y frutas que no pueden venderse fácilmente en mercados lejanos. Stifel y Minten (2008) observaron que los agricultores que están lejos de los mercados cultivan más cultivos básicos de bajo valor que cultivos comerciales perecederos de alto valor. El cambio de frutas y verduras de alto valor a cereales y legumbres de menor valor tiende a deprimir la productividad agrícola.

La falta de conectividad también puede afectar a la productividad agrícola a través de un tercer canal, que amplía la variabilidad de los precios en zonas aisladas; esto obliga a los agricultores a adoptar mecanismos de adaptación que conducen a una menor productividad. En zonas aisladas en las que los hogares agrícolas pueden tener pocas oportunidades de diversificar sus fuentes de ingresos con actividades no agrícolas, los agricultores que saben que los precios de los productos agrícolas serán bajos durante el período posterior a la cosecha y altos durante la subsecuente «temporada de hambre» pueden asegurarse ampliando la producción a tierras menos fértiles e invirtiendo menos en insumos, lo que reduce la productividad agrícola.

Hacia la frontera

Una segunda fuente potencial de crecimiento de la productividad agrícola es la expansión de la frontera de posibilidades de producción. ¿Cuáles son los puntos de acceso para ayudar a empujar dicha frontera y cuán eficaces son? Hay dos que destacan de manera particular: la innovación y la educación.

Innovación. La innovación que produce cambios en la tecnología es un factor importante que impulsa el cambio tecnológico que conduce al crecimiento de la PTF en la agricultura. Sin embargo, la innovación es difícil de definir y medir porque su éxito alberga múltiples ingredientes, entre ellos la nueva tecnología, un mecanismo eficaz de transferencia de la tecnología, una población destinataria con los conocimientos y las aptitudes necesarios para adoptar la innovación, la disponibilidad de insumos asociados e incentivos económicos favorables. A pesar de la naturaleza intrínsecamente compleja de la innovación, está claro que uno de sus principales impulsores es la investigación y el desarrollo (I+D), y se ha prestado mucha atención a la capacidad de la I+D para aumentar la productividad en la agricultura.

La evidencia que vincula la inversión en I+D con el aumento de la productividad en la agricultura es convincente. Los estudios que comparan el desempeño a largo plazo de los sectores agrícolas nacionales muestran sistemáticamente que los países que invierten más en I+D agrícola logran un mayor crecimiento de la productividad agrícola (Craig, Pardey y Roseboom, 1997; Evenson y Fuglie, 2009; Evenson y Kislev, 1975; Thirtle, Lin y Piesse, 2003). Fuglie *et al.* (2020) resumen los resultados de los estudios que estimaron econométricamente el impacto de la I+D en el crecimiento de la PTF agrícola en uno o más países en desarrollo. Las elasticidades parecen mostrar una variación sistemática de las elasticidades de la I+D entre las regiones. Las transferencias de I+D de los sistemas nacionales de I+D de otros países parecen ser relativamente poco importantes para los países en desarrollo, a diferencia de lo que ocurre en los países desarrollados, donde se ha observado que la transferencia transnacional de tecnología es significativa (Fuglie, 2018; Schimmelpfennig y Thirtle, 1999). Una posible explicación es que la I+D agrícola en los países en desarrollo puede ser más específica de un lugar (Fuglie, 2018). Sin embargo, América Latina podría ser una excepción.

Tanto la I+D nacional como las transferencias de I+D internacional e I+D privada parecen haber contribuido de manera significativa al crecimiento de la productividad agrícola en la región de América Latina y el Caribe.

Dado que el gasto en I+D suele ser solo una pequeña fracción del PIB agrícola, los beneficios marginales implícitos en las elasticidades de cada dólar de gasto en I+D tienden a ser amplios. Muchos estudios informan sobre las tasas de rendimiento interno del gasto público en investigación agrícola. Comparan los costos con los beneficios, teniendo en cuenta el tiempo que transcurre entre la inversión en I+D y su efecto en la productividad. En un metaanálisis de los beneficios de la investigación agrícola, Alston (2010) observó que la investigación agrícola pública en los países en desarrollo obtenía una tasa de rendimiento interno mediana del 39 %. Un trabajo más reciente de Hurley, Rao y Pardey (2014), que utiliza una tasa de rendimiento interno modificada, sugiere que, aunque los beneficios no han sido tan altos como se había indicado desde hace mucho tiempo (mediana del 9,8 % al año), aún son sustanciales.

Educación. La educación desempeña un papel importante en la adopción y utilización de los avances tecnológicos en la producción agrícola. Es más probable que los agricultores calificados adopten la tecnología, contribuyendo así positivamente al aumento de la productividad. Concretamente, entre pequeños productores de arroz de Bangladesh, cada año de escolarización desplazó la frontera de producción de arroz entre un 3 % y un 7 % (Asadullah, 2009). La educación de los agricultores no solo mejora la productividad agrícola tras la adopción de la tecnología, como se ha comentado con relación a la frontera, sino que también promueve la propia adopción al crear productores más informados.

Una mayor inversión en investigación puede tener un efecto amplificador en la productividad agrícola cuando se combina con niveles de educación más altos. Evenson y Fuglie (2009) observaron que la educación sin mejoras en la capacidad de investigación no está asociada a un mayor crecimiento de la productividad. Además, en un estudio de ocho economías de Asia oriental, Luh, Chang y Huang (2008) observaron que la I+D nacional y su interacción con el capital humano repercuten más significativamente en el progreso de la tecnología agrícola. Esta conclusión sugiere que la generación y la difusión de tecnologías mejoradas deben ir acompañadas de la educación de los agricultores para tener el máximo impacto en la productividad agrícola.

Crecimiento agrícola y reducción de la pobreza

Los responsables de formular políticas se interesan por la productividad porque el crecimiento de la productividad impulsa el crecimiento de la economía en general, lo que da lugar a un aumento de los ingresos, una reducción de la pobreza y una mejora del bienestar. Por lo tanto, al considerar el proceso de transformación estructural, que se caracteriza por el desplazamiento de recursos entre sectores, es pertinente preguntarse: ¿importa el sector en el que se produce el crecimiento para la reducción de la pobreza? Esta pregunta es especialmente relevante en los países en desarrollo, en los que una gran parte de la población vive en la pobreza.

Muchos estudios empíricos han llegado a la conclusión de que el crecimiento en la agricultura ha sido más eficaz para reducir la pobreza que el crecimiento fuera de la agricultura, especialmente en economías cerradas en las que los alimentos no son comercializables. Sin embargo, la relevancia política de esta conclusión para el papel dominante del crecimiento agrícola en la reducción de la pobreza ha disminuido. La participación de la agricultura en la mayoría de las economías en desarrollo ha disminuido: las economías se han abierto más como resultado de la globalización, y los alimentos se han vuelto más comercializables. Muchos responsables de formular políticas consideran que, dado que la productividad de la agricultura es tan baja —especialmente la de los pequeños agricultores— en comparación con la productividad de otros sectores, y dado que los alimentos son suficientemente comercializables, es mucho más probable que la reducción de la pobreza provenga de la urbanización. En la región de América Latina y el Caribe, esta visión se ha reflejado en políticas destinadas a facilitar la migración fuera de la agricultura, promover la industrialización, dar mayor importancia al comercio de alimentos y transformar el sector agrícola mediante la introducción de la agricultura mecanizada de escala.

Sin embargo, es posible que esta opinión no sea igualmente pertinente para todos los países. Los trabajos recientes resumidos en Christiaensen y Martin (2018) sugieren que, cuando se trata de reducir la pobreza, no siempre es correcto suponer que el crecimiento de cualquier sector tiene el mismo efecto. Citando los resultados de una serie coordinada de estudios en los que se utilizaron diferentes enfoques metodológicos, los autores sostienen que el crecimiento procedente de la agricultura es, en general, de dos a tres veces más eficaz para reducir la pobreza que el crecimiento equivalente generado fuera de la agricultura. Sin embargo, cabe señalar que, aunque la ventaja de la agricultura sobre la no agricultura en la reducción de la pobreza es grande para los más pobres de la sociedad, el efecto disminuye a medida que aumentan los ingresos y, en última instancia, desaparece a medida que los países aumentan su riqueza (gráfico 2.8). Esto implica que promover el crecimiento agrícola puede ser particularmente eficaz como estrategia para reducir la pobreza en los países de bajos ingresos, pero será menos eficaz en los países de ingresos medios y relativamente ineficaz en los países de ingresos altos.

Al interpretar esta conclusión de que a medida que las economías se desarrollan y la eficacia relativamente mayor del crecimiento de la agricultura en la reducción de la pobreza disminuye, es importante tener en cuenta que el trabajo resumido por Christiaensen y Martin (2018) se centra en el crecimiento generado únicamente por la agricultura primaria. En la medida en que el crecimiento de la agricultura primaria genere valor agregado y empleo mediante encadenamientos hacia adelante y hacia atrás, los efectos en

GRÁFICO 2.8 Eficacia del crecimiento en diferentes sectores para reducir la pobreza

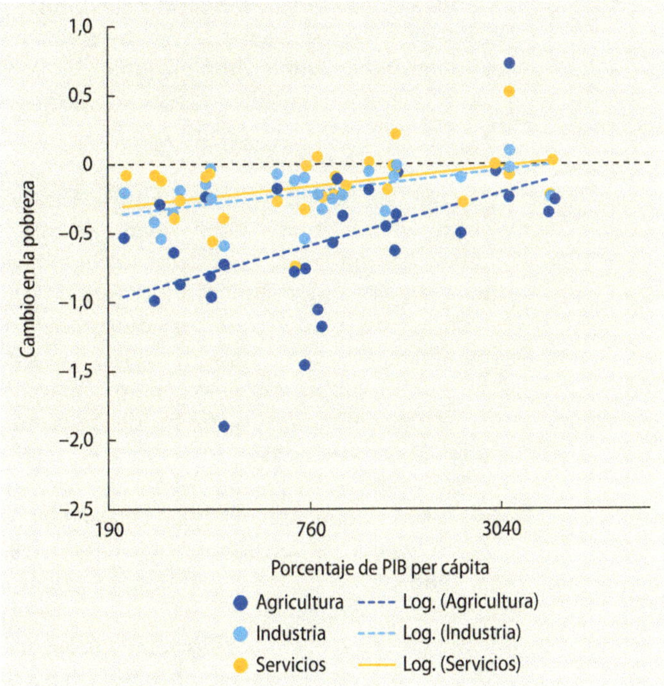

Fuente: Ivanic y Martin, 2018.

la reducción de la pobreza disminuirán más lentamente a medida que las economías se desarrollen. Aunque aún es incierto, el hecho de que, a medida que aumentan los ingresos, también crece la demanda de alimentos procesados y comidas que se consumen fuera del hogar —que crea nuevos puestos de trabajo en las industrias de procesamiento de alimentos y servicios alimentarios— sugiere que el crecimiento de la agricultura puede seguir teniendo un efecto relativamente importante en lo que respecta a la reducción de la pobreza incluso en los países de ingresos medios y altos.

La productividad en la industria y los servicios

Una idea que se destaca a lo largo de este informe es que un vector importante de los patrones de cambio estructural observados en los datos de América Latina es el ritmo relativo de crecimiento de la productividad en los sectores agrícola, industrial y servicios. Teniendo esto en cuenta, en esta sección se analiza la dinámica de la productividad en la industria y los servicios en América Latina, comparándola con la dinámica observada en las economías avanzadas y especulando sobre las fuentes de futuro crecimiento.

Medir la actividad económica es una tarea intrínsecamente difícil, más aún cuando se trata del sector servicios. ¿Cómo se contabiliza adecuadamente el valor agregado de los servicios que no operan a través de una transacción de mercado (servicios gubernamentales, economía digital)? ¿Qué tipos de servicios a empresas se ofrecen en América Latina en comparación con los de las economías más avanzadas? ¿Son similares? Dada la creciente participación del sector servicios en la producción agregada, las consecuencias de estos desafíos son aún más pronunciadas.

Otra dificultad radica en la falta de datos necesarios para calcular la PTF por sectores y entre países. La principal fuente de datos utilizada para este tipo de análisis —la base de datos de 10 sectores del Centro de Crecimiento y Desarrollo de Groninga (GGDC)— ofrece datos comparables internacionalmente sobre el valor agregado real y el empleo, lo que la hace adecuada para medir la productividad laboral. Sin embargo, no ofrece información sobre la acumulación de capital sectorial. En lo sucesivo, toda referencia a la productividad sectorial se referirá a la dinámica de la productividad laboral.

La productividad laboral en la industria y los servicios: América Latina y Estados Unidos

Un punto de partida natural para evaluar el desempeño de América Latina en términos del crecimiento de la productividad en sus sectores industrial y servicios es compararlo con el desempeño de las economías avanzadas.

El primer paso es evaluar la dinámica de la productividad de los sectores individualmente. ¿Están los sectores de la región de América Latina y el Caribe alcanzando la frontera mundial o se están quedando rezagados? En el segundo paso, dado que este ritmo relativo de crecimiento guía la asignación sectorial de los recursos en la teoría, resulta ilustrativo comparar el desempeño de América Latina y Estados Unidos en cuanto al crecimiento relativo de la productividad de los sectores industrial y servicios.

En el gráfico 2.9 se presenta la dinámica de la productividad laboral en los sectores industrial y servicios para América Latina y Estados Unidos entre 1950 y 2010, medida como valor agregado por trabajador. La propiedad más destacada del gráfico es que, aunque hay algunos indicios de convergencia en la productividad industrial, el desempeño del sector servicios en América Latina está empeorando con relación al de Estados Unidos. Chile y Brasil, los países con mejores desempeños, lograron superar a Estados Unidos en lo que respecta al crecimiento de la productividad industrial, lo cual es un indicio de convergencia. Sin embargo, incluso en el caso de los países de la región con mejores desempeños, el ritmo de crecimiento de la productividad en el sector servicios no pudo mantenerse a la par del crecimiento de la productividad de Estados Unidos. Sorprendentemente decepcionante es el desempeño de México, especialmente después de 1980, cuando se interrumpió un saludable ritmo de modernización tecnológica en ambos sectores, que lo dejó en camino de convertirse en uno de los países con peor desempeño de la región. El caso más preocupante es Bolivia, cuyo nivel de productividad disminuyó en el curso de seis décadas.

El bajo rendimiento de muchos de los sectores de servicios de América Latina también es preocupante en vista del rápido ritmo de desindustrialización de la región. Aunque hay margen para frenar la desindustrialización abordando las distorsiones que la sustentan, las perspectivas de que se produzcan aceleraciones sostenidas del crecimiento en la región son más sombrías porque el menor ritmo de crecimiento de la productividad en los servicios precipita la reasignación de la actividad económica hacia dicho sector de lento crecimiento. En resumen, una reversión de la decepcionante tasa de crecimiento del sector servicios desempeñará un papel

GRÁFICO 2.9 **Crecimiento de la productividad laboral en los sectores industrial y servicios: América Latina y Estados Unidos, 1950-2010**

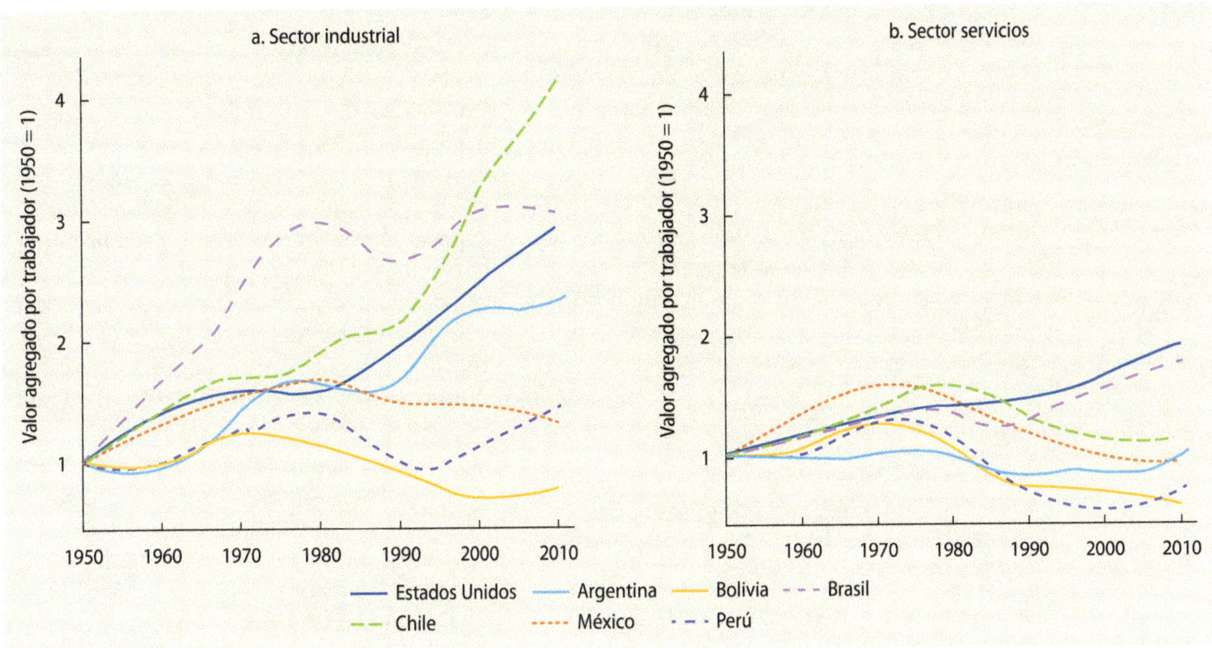

Fuente: Fattal Jaef, 2019.

importante en el ascenso de América Latina, desde su designación de región problemática de ingresos medios-bajos.

Precios relativos: crecimiento relativo de la productividad entre la industria y los servicios

La evaluación de la dinámica de la productividad de cada sector de manera independiente es útil para apreciar plenamente que el bajo crecimiento de la productividad es un fenómeno generalizado en América Latina. Sin embargo, lo que ayuda a comprender el cambio estructural es el ritmo relativo de crecimiento de la productividad entre los sectores. Por ello, en el gráfico 2.10 se ilustra la evolución de América Latina con relación a Estados Unidos en lo que respecta al ritmo de crecimiento de la productividad relativa en los sectores industrial y servicios.

GRÁFICO 2.10 **Productividad laboral en el sector servicios con relación al sector industrial: América Latina y Estados Unidos, 1950-2010**

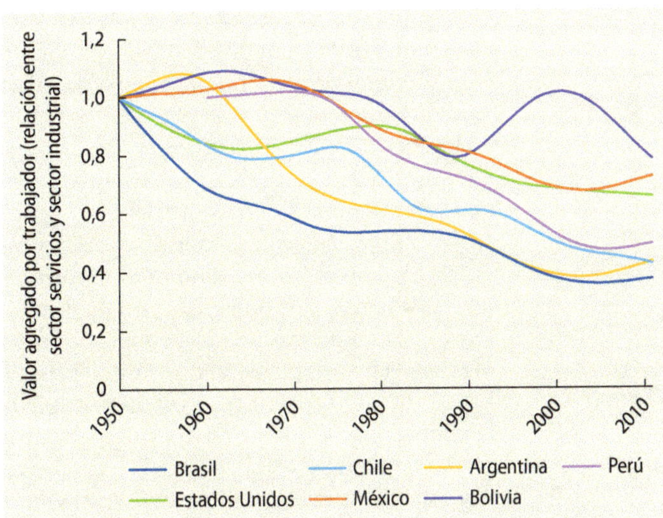

Fuente: Fattal Jaef, 2019.

Aunque es una característica compartida por casi todos los países donde el crecimiento de la productividad en la industria supera al de los servicios, este patrón es más pronunciado en América Latina. Esta disminución relativa de la productividad del sector servicios, interpretada a partir de las teorías estándar de cambio estructural, es el principal catalizador de una reasignación de la actividad económica hacia dicho sector. Es esta fuerza impulsora, combinada con el ritmo letárgico de crecimiento de la productividad de los servicios, la que justifica la preocupación por el crecimiento de la región a largo plazo.

Fuentes de crecimiento de la productividad: el potencial de mejorar la eficiencia en la asignación de recursos

De una u otra manera, toda evaluación del comportamiento a largo plazo de una economía termina discutiendo los catalizadores concebibles del crecimiento de la productividad. ¿Cómo mejorará América Latina la productividad de su sector servicios? Entre la larga lista de candidatos, se encuentra el papel de la eficiencia en la asignación, que es el tema que aquí nos ocupa. ¿Qué posibilidades hay en América Latina de aumentar la PTF mediante una asignación más eficiente de los recursos productivos entre las empresas?

La justificación para centrarse en la asignación ineficiente radica principalmente en que no solo constituye una fuente conceptualmente plausible de crecimiento de la productividad en el futuro, sino que también se ha demostrado que constituye un obstáculo para el crecimiento de la productividad en muchas economías. Dado que la mayoría de los estudios se centran en la productividad de la industria manufacturera, es útil volver a revisar la literatura y descubrir las conclusiones sobre la asignación ineficiente en el sector servicios, especialmente en América Latina.

Para apreciar los mecanismos a través de los cuales la asignación ineficiente de recursos perjudica la PTF, considérese el siguiente escenario. Dos productores, A y B, proveen un servicio idéntico, aunque utilizan una tecnología diferente. Para un número determinado de horas trabajadas, el productor A puede suministrar más unidades del servicio que el productor B. Sujeta a productos marginales decrecientes, la regla de maximización de la producción asignará los trabajadores entre las empresas hasta que se igualen sus productos marginales. Debido a que el productor A es más productivo que el productor B, A finalmente operará una empresa más grande. Ahora supongamos que una distorsión en la economía interfiere con la regla de eficiencia. Por ejemplo, las empresas más grandes pueden estar sujetas a tasas impositivas más altas que las empresas más pequeñas. Esta política desalentaría al productor A de lograr un tamaño que le permita operar con eficacia y forzaría un recorte de la mano de obra por debajo del nivel óptimo. A pesar de algunos ajustes salariales debido al exceso de oferta de trabajo, la asignación del equilibrio se traducirá en menos trabajadores para el productor A y más para el productor B. Debido a las diferencias de productividad entre los productores, y para un determinado tamaño de la mano de obra, el resultado será una menor producción en el agregado.

La lógica que acabamos de describir proporciona una estrategia para medir el grado de asignación ineficiente en un país. Concretamente, la asignación eficiente conlleva una firme implicancia comprobable de que, entre bienes y servicios comparables (por ejemplo, en el mismo código de cuatro dígitos de Clasificación Industrial Estándar), se debe igualar el valor de los productos marginales entre las empresas. De lo contrario, los trabajadores podrían ser reasignados hacia empresas con un producto marginal elevado y aumentar la cantidad agregada de producción. Por lo tanto, una estadística suficiente del grado de asignación ineficiente en una industria o un sector más reducidos es la desviación estándar de los productos de ingresos marginales. Gracias a la creciente disponibilidad de bases de datos de empresas, ahora es posible medir la desviación entre la asignación observada y la asignación eficiente de los recursos.

¿Cuál es el grado de prevalencia de la asignación ineficiente en los sectores industrial y servicios?

Ciñéndonos a las limitaciones de los datos, la mayor parte de la literatura sobre la asignación ineficiente se centra en las industrias manufactureras. Hasta el momento, los datos demuestran de manera convincente que la asignación ineficiente es frecuente en el mundo en desarrollo y que impide que dichas economías obtengan beneficios sustanciales en materia de PTF. En la tabla 2.1 se resumen las estadísticas sobre la asignación ineficiente en varios países de América Latina y África subsahariana, junto con los beneficios contrafácticos de la PTF que se obtendrían si se aplicara una asignación eficiente. A modo de referencia, la tabla también muestra una asignación ineficiente de los recursos en Estados Unidos[2].

TABLA 2.1 Asignación ineficiente en la industria manufacturera, en países en desarrollo y países desarrollados seleccionados

País	Desviación estándar, productividad de los ingresos	Ganancias de la PTF, asignación eficiente (%)
Estados Unidos	0,49	42,9
China	0,63	86,6
India	0,67	127,5
Colombia	1,21	50,5
Venezuela, RB	1,28	64,7
El Salvador	0,64	60,6
Chile	0,72	53,8
Uruguay	0,97	60,2
Bolivia	0,88	60,6
Ecuador	0,62	57,6
Argentina	0,62	60,0
México	0,82	95,0
Etiopía	0,78	66,6
Ghana	0,95	75,7
Kenia	1,52	162,6
Costa de Marfil	0,65	31,4

Fuentes: Datos de Estados Unidos, India y China: Hsieh y Klenow (2009); datos de África subsahariana: Cirera, Fattal Jaef y Maemir (2020).

El principal mensaje que transmite la tabla es que la asignación ineficiente de manufacturas en América Latina es casi tan grave como en China, India y muchas economías subsaharianas, y las posibles ganancias de la PTF al revertir la asignación ineficiente al nivel de Estados Unidos oscilan entre 10 puntos porcentuales (Chile) y 50 puntos porcentuales (México).

En el presente informe se aborda el interrogante de lo que podrían hacer los países para remediar la asignación ineficiente. Mientras tanto, resulta ilustrativo recordar que, si los países encontraran la manera de cosechar los beneficios derivados de revertir la asignación ineficiente, el consiguiente crecimiento de la productividad industrial —a menos que vaya acompañado de una fuerza igual o más fuerte en el crecimiento de la productividad del sector servicios— daría lugar a una profundización de la reasignación del empleo hacia el sector servicios. Por un lado, el crecimiento de la productividad industrial aumenta los ingresos agregados. A través de los efectos de los ingresos, los gastos se desplazan de la agricultura a la industria y los servicios. Por otra parte, el canal de precios relativos, directamente relacionado con la ampliación de la brecha de crecimiento de la productividad entre la industria y el sector servicios, contribuye aún más a la reasignación del empleo al sector servicios. Por lo tanto, el grado en que la reversión de la asignación ineficiente contribuye a la transformación estructural depende fundamentalmente del patrón de asignación ineficiente en el sector servicios.

¿Qué ocurre con la asignación ineficiente en el sector servicios? A este respecto, los datos son más escasos. Las bases de datos representativas a nivel de empresa para el sector servicios son más escasas que en el caso de la industria manufacturera, lo que constituye el principal obstáculo para lograr una densidad de investigación comparable. Además, las dificultades inherentes a la medición del valor agregado de diversos servicios hacen que la medición de la asignación ineficiente sea más propensa al error, lo que obstaculiza su validez como instrumento de diagnóstico útil.

No obstante, tomando como referencia las investigaciones existentes acerca del papel de la asignación ineficiente en los servicios, la conclusión es que las distorsiones en el sector servicios parecen ser más frecuentes y perjudiciales que en el sector industrial. Dias, Marques y Richmond (2019) estimaron la asignación ineficiente y los beneficios contrafactuales asociados de la PTF a partir de su resolución en la economía de Portugal entre 1996 y 2011. Concluyeron que el potencial de crecimiento de la PTF mediante una reasignación eficiente es aproximadamente el doble en el sector servicios que en el sector industrial.

García-Santana *et al.* (2016) realizaron un ejercicio similar para la economía de España entre 1995 y 2007. En este caso, el sector de la construcción mostró la menor eficiencia de asignación, pero una vez más la asignación ineficiente fue peor en el sector servicios que en el sector industrial.

La conclusión sobre la gravedad relativa de la asignación ineficiente en el sector servicios frente a la industria también se confirmó en la economía letona durante la crisis financiera y sus secuelas, de acuerdo con Benkovskis (2015).

En América Latina, los datos se limitan a un estudio de Crespi, Tacsir y Vargas (2016). Los autores realizan una investigación más general de los factores que impulsan el bajo nivel de productividad en América Latina. Sin embargo, un factor para considerar en este caso es que la metodología para la caracterización de la asignación ineficiente en la que se basa el trabajo Crespi, Tacsir y Vargas (2016) es diferente de la utilizada en los estudios resumidos hasta ahora. En dichos estudios, la asignación ineficiente se mide como desviaciones de un punto de referencia de la eficiencia prescrito teóricamente, como en el trabajo pionero de Hsieh y Klenow (2009). Crespi, Tacsir y Vargas (2016) basan el indicador de la eficiencia de asignación en Olley y Pakes (1996), que miden la eficiencia asignativa como el grado de correlación entre la participación del valor agregado de una empresa y su productividad relativa con respecto a la de la empresa promedio de su sector.

Incluso utilizando una metodología diferente, el estudio de Crespi, Tacsir y Vargas (2016) confirma que la eficiencia de asignación en América Latina es menor en el sector servicios que en el sector industrial. Estos datos apuntan una vez más a distorsiones en el entorno empresarial que tienen un efecto desproporcionado en las empresas del sector servicios. Esta distinción es importante para pensar en qué tipo de fricción o política podría atrincherarse tras la asignación ineficiente observada. Por ejemplo, si las fricciones del mercado crediticio son culpables, entonces debe ser que la dependencia de la financiación externa es más frecuente en los servicios que en la industria. Las empresas estatales, que tienden a ser más comunes entre los servicios, son otra posible explicación.

Haciendo balance: las posibilidades de aumentar la eficiencia en la asignación de recursos y el ritmo esperado del cambio estructural

En este capítulo se ha observado que en América Latina hay posibilidades de aumentar la PTF mediante la mejora de la eficiencia asignativa en una economía. Además, una revisión de la evidencia existente apunta a una mayor prevalencia de la asignación ineficiente en el sector servicios que en el sector industrial. Para volver al objetivo principal de este estudio, el cambio estructural, ¿cuál es la implicancia de la asignación ineficiente observada para al futuro patrón de asignación de recursos sectoriales?

Responder a esta pregunta requiere volver a revisar los catalizadores fundamentales del cambio estructural de un país. Como se ha señalado anteriormente en la presentación del marco teórico, estos catalizadores se derivan de los incentivos para desplazar los gastos hacia los bienes y servicios de mayor elasticidad-ingreso a medida que los países se enriquecen, y de los incentivos para reasignar los recursos hacia sectores con un crecimiento de la productividad relativamente menor.

El hecho de que la asignación ineficiente sea más grave en el sector servicios que en el industrial implica que existe un canal a través del cual se nivelarán la productividad en los servicios y la productividad en el sector industrial. A corto y mediano plazo, a medida que se revierta progresivamente la asignación ineficiente, la teoría supone que la desindustrialización se reducirá y el crecimiento agregado aumentará. Sin embargo, a largo plazo, una vez que se hayan cosechado los beneficios de una reasignación eficiente, el ritmo de la desindustrialización y el crecimiento a largo plazo de la economía volverán a estar determinados por las fuerzas que impulsan el crecimiento de la productividad en cada sector a largo plazo. A menos que la resolución de la asignación ineficiente se traduzca en un cambio permanente del ritmo del progreso tecnológico, el impulso de la actividad industrial y el crecimiento agregado serán temporales.

Este efecto permanente del desmantelamiento de la asignación ineficiente en el crecimiento de la productividad es una posibilidad razonable. Es muy posible que, una vez que las empresas se enfrenten a distorsiones que perjudiquen su rentabilidad, no solo se produzcan salidas de recursos en las empresas más productivas (efecto de asignación ineficiente estática), sino que las empresas también sean más reacias a invertir en innovaciones que las hagan aún más productivas (efecto dinámico mediante la innovación).

En resumen, como mínimo, los actuales niveles relativamente bajos de eficiencia en la asignación de recursos en el sector servicios constituyen una oportunidad para frenar la desindustrialización de las economías latinoamericanas e impulsar el crecimiento agregado. La perpetuación de las tendencias dependerá en gran medida de la credibilidad de las reformas que se apliquen para impulsar la eficiencia de asignación y que inviten a las empresas a innovar e invertir en tecnología.

El futuro de la manufactura

Las nuevas tecnologías de la llamada Cuarta Revolución Industrial amenazan el potencial de la industrialización a gran escala de los países en desarrollo. En concreto, la introducción de nuevas tecnologías que ahorran mano de obra está reduciendo la importancia de los bajos salarios como determinante de la ventaja comparativa. En otras palabras, los costos laborales son cada vez menos importantes, mientras que la calidad, el tiempo reducido de comercialización, la innovación más rápida y las economías de escala son cada vez más relevantes.

Las nuevas tecnologías están permitiendo a los proveedores producir bienes de mayor calidad a precios más bajos, por lo que los proveedores que utilizan tecnologías más antiguas tendrán que adaptarse o no sobrevivirán. Sin embargo, la adopción de nuevas tecnologías requiere inversiones complementarias en infraestructura (en particular, en TIC) y capital humano, así como la actualización del marco normativo para abordar cuestiones de propiedad intelectual, privacidad y propiedad de los datos. Mientras tanto, se espera que las cadenas globales de valor se acorten, y es probable que existan menos puntos de acceso en el futuro (Hallward-Driemeier y Nayyar, 2018).

En su libro, Hallward-Driemeier y Nayyar (2018) analizan en detalle la viabilidad de expandir la producción por subsector industrial. En su análisis, consideran aspectos como la magnitud relativa de la automatización (medida por la densidad de robots por cada 1000 trabajadores), la concentración de las exportaciones, la intensidad de los servicios y la medida en que los bienes de un subsector son objeto de comercio internacional. A continuación, se presentan las dos conclusiones más relevantes para las economías de América Latina y el Caribe.

En primer lugar, a pesar de los cambios en los patrones de globalización y la aparición de nuevas tecnologías que ahorran mano de obra, en algunas industrias manufactureras hay espacio para la inserción o la expansión. Ejemplos de ello son las industrias de elaboración de productos primarios, que están menos automatizadas, están menos concentradas en cuanto a los lugares de exportación y son menos intensivas en el uso de servicios profesionales. Además, en el caso de industrias como la textil, la confección o el calzado, que son intensivas en mano de obra y comercializables, los países con bajos costos unitarios de mano de obra pueden conservar una ventaja comparativa. También puede haber margen para atender a los mercados nacionales o regionales de manufacturas de menor calidad y precio en todas las industrias.

En segundo lugar, Hallward-Driemeier y Nayyar destacan los efectos potencialmente negativos de *no* adoptar nuevas tecnologías. Si los nuevos métodos de producción de bienes comercializados hacen que los bienes de mayor calidad tengan precios más bajos, es posible que la producción nacional que utiliza tecnologías más antiguas no pueda competir. Esto puede dar lugar a la creación de menos puestos de trabajo o incluso a la pérdida de estos. Por lo tanto, es posible que las empresas tengan que adoptar nuevas tecnologías solo para seguir siendo competitivas a nivel mundial. Los autores llegan a la conclusión de que «es probable que la industria manufacturera siga dando resultados en cuanto a productividad, escala, comercio e innovación, pero no con el mismo número de puestos de trabajo. Por lo tanto, su singular conveniencia por la doble ganancia en productividad y empleo se está erosionando».

El futuro de los servicios

La opinión tradicional generalmente sostiene que los servicios son un sector inferior que tiene una baja productividad y, lo que tal vez sea más importante, un menor crecimiento de la productividad. En consecuencia, el proceso de transformación estructural que aumenta la importancia del sector servicios no parece favorecer a la región porque implica una desaceleración del crecimiento de la productividad agregada. Esto se conoce en la literatura económica como la enfermedad de costos de Baumol.

En conjunto, el sector servicios parece tener un crecimiento de la productividad menor que el sector industrial. Sin embargo, el sector está compuesto por un conjunto muy diverso de subsectores que difieren significativamente en sus niveles de productividad, en su crecimiento de la productividad e incluso en el uso de mano de obra calificada. De hecho, una visión más desagregada del sector servicios revela una enorme heterogeneidad: algunos subsectores son más productivos y tienen una mayor densidad de mano de obra que el sector industrial. Concretamente, hay pruebas de que las industrias de servicios intensivas en conocimientos, TIC y comercio —como las telecomunicaciones, las finanzas y la logística— tienen tasas de crecimiento de la productividad superiores a las del sector industrial (Jorgenson y Timmer, 2011). De hecho, datos recientes sugieren que existe una convergencia incondicional; los países con menor productividad laboral inicial en el sector servicios crecen más rápidamente que los que tienen una mayor productividad laboral inicial en dicho sector (Enache, Ghani y O'Connell, 2016; Kinfemichael y Morshed, 2016). Además, Fagerberg y Verspagen (2002) sugieren que el sector servicios ha contribuido cada vez más al crecimiento económico en los últimos 30 años.

Estos resultados están relacionados con el hecho de que el sector servicios comparte cada vez más características favorables al desarrollo que antes se identificaban como exclusivas del sector industrial. Los enormes avances de las TIC han favorecido la aparición de subsectores del sector servicios (subsector financiero, de telecomunicaciones y empresarial) que pueden almacenarse digitalmente, codificarse y comercializarse con mayor facilidad (Ghani y Kharas, 2010). Mientras tanto, la desregulación de los mercados de servicios ha estado acompañada de grandes entradas de IED. Por lo tanto, ciertos subsectores del sector servicios se parecen cada vez más al sector industrial, con exposición al comercio y a las entradas de IED, lo que facilita una mayor competencia, difusión de la tecnología y beneficios de escala.

Sin embargo, es importante señalar que estos subsectores del sector servicios, que pueden contribuir sustancialmente a aumentar la productividad, también son muy intensivos en conocimientos técnicos. Por lo tanto, su capacidad de proporcionar empleo a mano de obra no calificada puede ser limitada. Sin embargo, algunos subsectores del sector servicios son intensivos en el uso de mano de obra no calificada. Lamentablemente, dichos subsectores son, por lo general, sectores de crecimiento de baja productividad y, por lo tanto, contribuirán menos a la productividad agregada.

Como se ha señalado anteriormente, la enfermedad de costos de Baumol se refiere al fenómeno de cambio estructural que ralentiza el crecimiento de la productividad agregada cuando reasigna la producción a industrias con un bajo crecimiento de la productividad —véanse, por ejemplo, Baumol (1967); Nordhaus (2008); Oulton (2001)—. La cuestión que se plantea a continuación es si en el futuro estas industrias adquirirán gradualmente una mayor importancia y reducirán el crecimiento de la productividad agregada. En un artículo reciente, Duernecker, Herrendorf y Valentinyi (2017) añaden una característica novedosa al modelo estándar de transformación estructural. Concretamente, desglosan el sector servicios en servicios de alto crecimiento de la productividad y servicios de bajo crecimiento de la productividad. Este enfoque es una desviación de la literatura, que suele considerar un amplio sector servicios y se abstiene de la heterogeneidad de las industrias de servicios. Aunque el modelo de Duernecker, Herrendorf y Valentinyi (2017) genera el habitual cambio estructural entre los sectores de bienes y servicios, también implica un cambio estructural dentro del propio sector servicios. Los autores observan que para los Estados Unidos de la posguerra la calibración de la función de utilidad implica que los servicios con bajo crecimiento de la productividad son lujos, los servicios de alta productividad son necesidades, y los dos subsectores de servicios son sustitutos. Esta intercambiabilidad entre los dos subsectores de servicios limita la importancia del subsector de baja productividad en la economía y, por lo tanto, los futuros efectos de la enfermedad de costos de Baumol en la productividad.

Líneas difusas

Otra tendencia importante que cabe señalar es la «servicificación» del sector industrial. Este término se refiere al hecho de que las empresas manufactureras no solo integran más servicios en su función de producción, sino que también venden y exportan más servicios como actividades integradas. Es útil distinguir estos dos aspectos de la servicificación. Por una parte, el creciente uso de servicios como insumos en el proceso de producción se describe como servicios *incorporados* a los bienes. Por otra parte, los servicios *integrados* son aquellos que se incluyen en los bienes proporcionados a los clientes, como los servicios de venta y posventa.

Estos servicios cada vez representan una mayor parte del valor agregado en la cadena de suministro de un producto. Stan Shih, director ejecutivo de Acer durante la década de 1990, describe la relación entre las etapas de producción y la contribución al valor agregado total como la «curva de la sonrisa». Esencialmente, se refiere al hecho de que las actividades ascendentes como el diseño de productos e I+D y las actividades descendentes como la creación de marcas y los servicios de publicidad contribuyen en gran medida al valor agregado total, mientras que las etapas de producción intermedias son las que menos contribuyen.

Como se ha señalado anteriormente, la productividad de los servicios utilizados como insumos en la producción (p. ej., para el diseño y la comercialización) o como facilitadores del comercio (p. ej., plataformas de logística y comercio electrónico) es esencial para la competitividad y el crecimiento del sector industrial. Las estimaciones de Sinha (2019a) sugieren que, si las distorsiones de los servicios como bienes intermedios (servicios incorporados) se hubieran mantenido en su mínimo histórico, el sector industrial tendría un tamaño mayor —de entre 2 y 2,5 puntos porcentuales— en el conjunto de la economía. Además, el valor agregado de los servicios incorporados, especialmente los servicios de distribución y comerciales, ha contribuido en más de un tercio del valor de las exportaciones brutas de los fabricantes a nivel mundial (Hallward-Driemeier y Nayyar, 2018). Según un conjunto cada vez más amplio de datos, esta servicificación de la fabricación ha aumentado la productividad industrial en la República Checa, India y África subsahariana (Arnold, Javorcik y Mattoo, 2011; Arnold, Mattoo y Narciso, 2008).

En la literatura reciente se ha puesto de relieve el papel fundamental de los servicios como proveedores de insumos para el resto de la economía. De hecho, Álvarez *et al.* (2019) observan que en la región de América Latina y el Caribe este sector es el que tiene el mayor grado de encadenamientos hacia adelante y el mayor grado de influencia. Además, observan que, si varios subsectores del sector servicios (como los servicios empresariales, el comercio y el transporte) cerraran su brecha de productividad, con relación al promedio de la Organización para la Cooperación y el Desarrollo Económicos (OCDE), esto generaría la mayor contribución a la productividad agregada.

Conclusiones e implicancias de política

Este capítulo ha revisado el desempeño y la dinámica de la productividad por sector. Aunque la productividad agrícola ha aumentado en la región de América Latina y el Caribe, todavía existe margen para seguir mejorando. Dos vías principales para el crecimiento de la productividad son 1) mejorar la eficiencia técnica de los productores utilizando la tecnología existente y 2) ampliar la frontera de posibilidades de producción mediante el cambio a tecnologías nuevas y mejoradas.

En cuanto al sector industrial —y, específicamente, el subsector manufacturero—, los datos demuestran claramente que existe un grado sustancial de asignación ineficiente entre las empresas. La distribución del tamaño de las empresas está sesgada hacia las pequeñas empresas y microempresas. Este resultado apunta a distorsiones en el mercado que están impidiendo la consolidación y el crecimiento de las empresas más productivas. Por lo tanto, los Gobiernos deben establecer políticas que fomenten la competencia, como el comercio internacional y la profundización de los acuerdos comerciales regionales. También es necesario revisar las políticas que dependen del tamaño (o su aplicación) y que parecen obstaculizar el crecimiento de las empresas productivas e incentivar la informalidad.

El futuro de una mayor industrialización está sujeto a las crecientes necesidades de infraestructura complementaria, capacidad de asimilación de la tecnología y capacitación de la fuerza de trabajo. Cada vez más, las empresas tendrán que adoptar nuevas tecnologías solo para seguir siendo competitivas. La introducción de nuevas tecnologías que ahorran mano de obra está reduciendo la importancia de los bajos salarios como un determinante de la ventaja comparativa. En cambio, la calidad, el tiempo reducido de comercialización, la innovación más rápida y las economías de escala son cada vez más relevantes. Además, se prevé que las tecnologías emergentes (como la impresión en 3D) acorten las cadenas globales de valor y limiten las oportunidades de incorporación. Por consiguiente, las oportunidades para una mayor industrialización (o reindustrialización) pueden ser más limitadas y estar sujetas a mayores exigencias en el futuro.

Se necesita urgentemente un conjunto amplio de medidas de política para abordar las cuestiones de la productividad en el sector servicios. El sector ya emplea más del 60 % de la mano de obra de la región de América Latina y el Caribe, y las tendencias actuales indican que seguirá creciendo y será la principal fuente de creación de empleo en el futuro. Aunque la escasez de datos sobre el sector servicios es un obstáculo para un diagnóstico más claro, existen indicios que evidencian que hay un mayor grado de asignación ineficiente en este sector si se compara con el industrial.

Los Gobiernos también deberían centrarse en aumentar la competencia en el sector servicios, eliminando las distorsiones del mercado y abriendo dichos sectores al comercio internacional. En el gráfico 2.11 se muestran los resultados de la aplicación del Índice de Restricción del Comercio de Servicios a nueve países de América Latina y el Caribe[3]. El índice mide el grado de apertura de los países al comercio internacional en cinco subsectores del sector servicios: telecomunicaciones, finanzas, transporte, comercio minorista y servicios profesionales. Una puntuación de 0 indica que el país está completamente abierto, y una puntuación de 100 implica que está completamente cerrado. En la región, parece que las telecomunicaciones

GRÁFICO 2.11 Índice de Restricción del Comercio de Servicios, países seleccionados de ALC

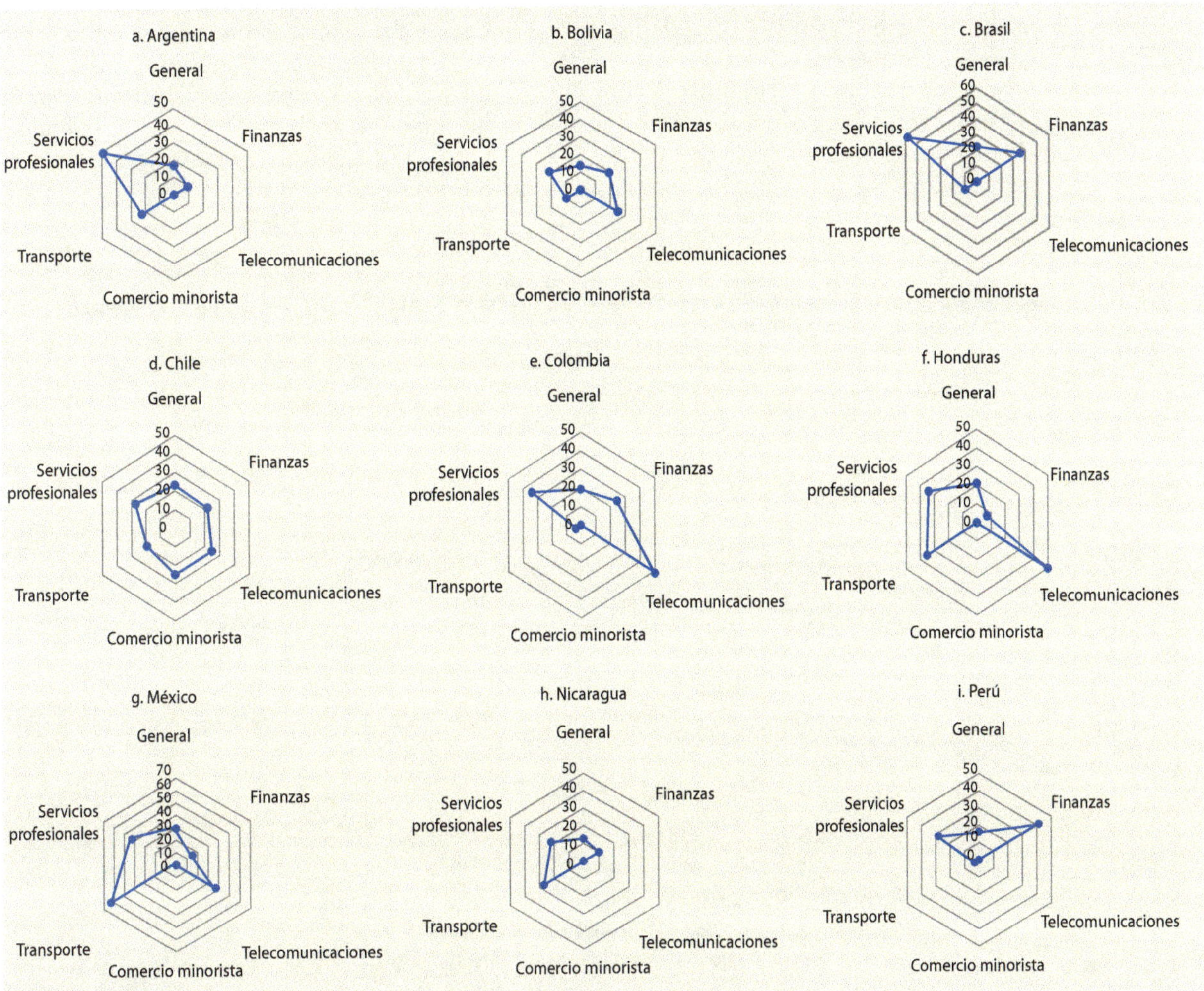

Fuente: Cálculos originales para esta publicación utilizando la base de datos sobre Restricción del Comercio de Servicios del Banco Mundial (https://www.worldbank.org/en/research/brief/services-trade-restrictions-database).
Nota: Los gráficos muestran información sobre cinco sectores: telecomunicaciones, finanzas, transporte, comercio minorista y servicios profesionales. Todos los puntos de datos se recopilaron en 2008, excepto en el caso de México y Brasil (2011). La interpretación cuantitativa de los números es la siguiente: abierto sin restricciones (0 puntos); prácticamente abierto (25 puntos); existencia de restricciones amplias/no menores (50 puntos); prácticamente cerrado (75 puntos); completamente cerrado (100 puntos).

y los servicios profesionales son los sectores más restringidos, mientras que el transporte también es importante para algunos países.

La bibliografía reciente sugiere que el sector servicios está estrechamente interrelacionado con el resto de la economía y es el sector más importante por lo que respecta a la provisión de insumos. Además, la reciente tendencia a la «servicificación» de la industria manufacturera implica que se están utilizando más servicios como insumos en la producción de bienes (servicios incorporados) y que se prestan más servicios vinculados a los bienes (servicios integrados) a los clientes. Por lo tanto, el aumento de la productividad de los servicios básicos —como la logística, las TIC y los servicios a empresas— podría repercutir en toda la economía, lo que tendría mayores repercusiones en la productividad agregada general. De hecho, como ya se ha señalado antes, Sinha (2019b) considera que las reducciones en el costo de los insumos de servicios podrían tener efectos cuantitativamente importantes en el tamaño del sector industrial.

El gráfico 2.12 presenta el desempeño de los países de América Latina y el Caribe con relación al mejor desempeño mundial en el Índice de Desempeño Logístico[4]. Muestra que hay un margen significativo de mejora en todos los países de la región de América Latina y el Caribe. En particular, la región puede mejorar considerablemente en los componentes de calidad de aduanas, infraestructura y logística.

Por lo tanto, los responsables de formular políticas en la región de América Latina y el Caribe deberían centrarse en el crecimiento de la productividad y no en el tamaño de un solo sector económico. Hay margen de mejora en todos los sectores de la economía, pero se necesita urgentemente un plan de reforma específico para el sector servicios.

GRÁFICO 2.12 Índice de Desempeño Logístico y sus componentes: 16 países de ALC con relación al mejor desempeño

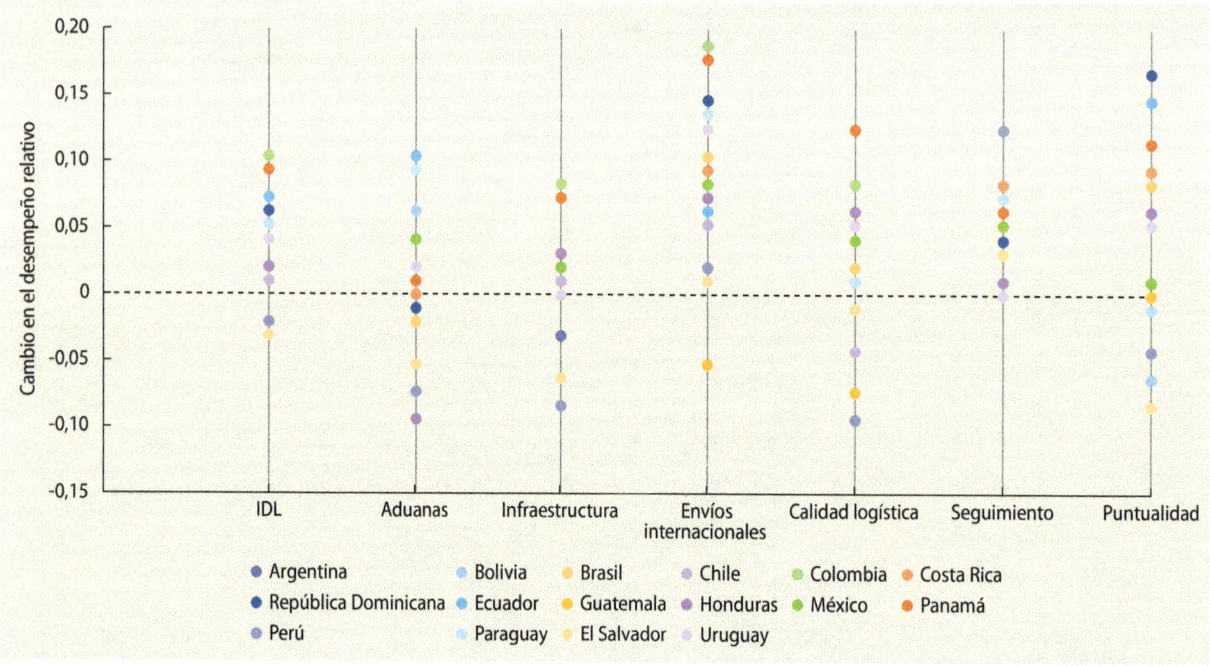

Fuente: Cálculos originales para esta publicación utilizando el Índice de Desempeño Logístico 2018 del Banco Mundial (https://lpi.worldbank.org/) para las economías de ALC.
Nota: Todos los valores señalan el indicador relativo de cualquier economía dada tomando Alemania como referencia. *IDL* se refiere a Índice de Desempeño Logístico; *aduanas* se refiere a trámites de aduana y expedición de las fronteras; *infraestructura* se refiere a la calidad de la infraestructura comercial y de transporte; *envíos internacionales* se refiere a la facilidad de organizar envíos a precios competitivos; *seguimiento* se refiere a la capacidad de rastrear y localizar envíos; *puntualidad* se refiere a la frecuencia con la que se programan o esperan entregas dentro de los plazos de entrega previstos.

Deberían invertirse recursos en la recopilación de datos para comprender mejor las cuestiones específicas que afectan a la productividad de las empresas de este sector. Debido al tamaño del sector, a la expectativa de que siga creciendo, a su mayor grado de asignación ineficiente (con relación al sector industrial) y a su función de proveedor de insumos al resto de la economía, el plan de productividad del sector servicios debería ser una prioridad para los responsables de formular políticas en la región.

En cuanto al futuro en general, la estructura de la economía de América Latina y el Caribe está cambiando, y los requisitos para el crecimiento de la productividad dentro de los sectores están aumentando. En particular, la demanda de calificaciones está cambiando. ¿Cuáles son las implicancias de estos cambios para los empleos y el futuro del trabajo? El siguiente capítulo aborda estas preguntas.

Notas

1. *Agricultura* alude a la producción de cultivos, ganado, silvicultura y pesca.
2. Se espera que la asignación ineficiente sea casi nula en Estados Unidos, presumiblemente una economía no distorsionada. La tabla 2.1 muestra que efectivamente hay una asignación ineficiente en la economía de Estados Unidos, aunque en menor grado. Observando que parte de lo que la metodología capta como asignación ineficiente podría surgir de un error de medición, este se podría controlar de manera rudimentaria atribuyendo toda la asignación ineficiente en Estados Unidos al error de medición y restando las cifras de Estados Unidos de las del resto de los países. En otras palabras, solo la dispersión en la productividad de los ingresos por encima de la dispersión en Estados Unidos es una asignación ineficiente real. De la misma manera, solo las ganancias de la PTF en exceso de las ganancias de Estados Unidos son ganancias reales de la resolución de la asignación ineficiente. Este método solo controlaría el error de medición que no varía sistemáticamente entre países.
3. Para obtener más información sobre el índice, consúltese https://www.worldbank.org/en/research/brief/services-trade-restrictions-database.
4. Para obtener más información sobre el índice, consúltese https://lpi.worldbank.org/about.

Referencias

Alston, J. M. 2010. "The Benefits from Agricultural Research and Development, Innovation, and Productivity Growth." OECD Food, Agriculture and Fisheries Paper No. 31. Paris: OECD Publishing.

Alston, J. M., C. Chan-Kang, M. C. Marra, P. G. Pardey, and T. J. Wyatt. 2000. "A Meta-analysis of Rates of Return to Agricultural R&D: Ex Pede Herculem?" Research Report Vol. 113. Washington, DC: International Food Policy Research Institute.

Álvarez, F., M. Eslava, P. Sanguinetti, M. Toledo, G. Alves, et al. 2019. *RED 2018: Institutions for Productivity: Towards a Better Business Environment*. Caracas: CAF. http://scioteca.caf.com/handle/123456789/1410.

Anderson, J. R. 2007. "Agricultural Advisory Services." Background paper, *World Development Report 2008*. https://openknowledge.worldbank.org/bitstream/handle/10986/9041/WDR2008_0003.pdf?sequence=1&isAllowed=y.

Anderson, J. R., and G. Feder. 2003. "Rural Extension Services." Policy Research Working Paper 2976. Washington, DC: World Bank.

Arnold, J. M., B. S. Javorcik, and A. Mattoo. 2011. "Does Services Liberalization Benefit Manufacturing Firms? Evidence from the Czech Republic." *Journal of International Economics* 85 (1): 136–46.

Arnold, J. M., A. Mattoo, and G. Narciso. 2008. "Services Inputs and Finn Productivity in Sub-Saharan Africa: Evidence from Firm-Level Data." *Journal of African Economies* 17 (4): 578–99.

Asadullah, M. N. 2009. "Returns to Private and Public Education in Bangladesh and Pakistan: A Comparative Analysis." *Journal of Asian Economics* 20 (1): 77–86.

Assunção, J. J., and L. H. Braido. 2007. "Testing Household-Specific Explanations for the Inverse Productivity Relationship." *American Journal of Agricultural Economics* 89 (4): 980–90.

Barrett, C. B. 1996. "On Price Risk and the Inverse Farm Size-Productivity Relationship." *Journal of Development Economics* 51 (2): 193–215.

Barrett, C. B., M. F. Bellemare, and J. Y. Hou. 2010. "Reconsidering Conventional Explanations of the Inverse Productivity-Size Relationship." *World Development* 38 (1): 88–97.

Baumol, W. J. 1967. "Macroeconomics of Unbalanced Growth: The Anatomy of Urban Crisis." *American Economic Review* 57 (3): 415–26.

Benjamin, D. 1992. "Household Composition, Labor Markets, and Labor Demand: Testing for Separation in Agricultural Household Models." *Econometrica: Journal of the Econometric Society* 60 (2): 287–322.

Benkovskis, K. 2015. "Misallocation of Resources in Latvia: Did Anything Change during the Crisis?" Working paper. Riga: Bank of Latvia.

Birkhaeuser, D., R. E. Evenson, and G. Feder. 1989. "The Economic Impact of Agricultural Extension: A Review." Center Discussion Paper No. 567. New Haven, CT: Yale Economic Growth Center.

Bolt, J., R. Inklaar, H. de Jong, and J. Luiten van Zanden. 2018. "Rebasing 'Maddison': New Income Comparisons and the Shape of Long-run Economic Development." Maddison Project Working Paper 10. Groningen, The Netherlands: Groningen Growth and Development Centre (GGDC).

Boucher, S. R., M. R. Carter, and K. Guirkinger. 2008. "Risk Rationing and Wealth Effects in Credit Markets-Theory and Implications for Agricultural Development." *American Journal for Agricultural Economics* 90 (2): 409–23.

Bravo-Ureta, B., and A. Pinheiro. 1993. "Efficiency Analysis of Developing Country Agriculture: A Review of the Frontier Function Literature." *Agricultural and Resource Economics Review* 22 (1): 88–101.

Calderón, C., and L. Servén. 2010. *Infrastructure in Latin America*. Washington, DC: World Bank.

Carletto, G., S. Savastano, and A. Zezza. 2013. "Fact or Artifact: The Impact of Measurement Errors on the Farm Size-Productivity Relationship." *Journal of Development Economics* 103: 254–61.

Carter, M. R. 1989. "The Impact of Credit on Peasant Productivity and Differentiation in Nicaragua." *Journal of Development Economics* 31 (1): 13–36.

Christiaensen, L., and W. Martin. 2018. *Agriculture, Structural Transformation and Poverty Reduction: Eight New Insights*. Amsterdam: Elsevier.

Cirera, X., R. Fattal Jaef, and H. Maemir. 2020. "Taxing the Good? Distortions, Misallocation, and Productivity in Sub-Saharan Africa." *World Bank Economic Review 34 (1): 75-100*. Washington, DC: World Bank Group.

Coelli, T. J., and D. P. Rao. 2003. "Total Factor Productivity Growth in Agriculture: A Malmquist Index Analysis of 93 Countries, 1980–2000." Draft paper. Brisbane: University of Queensland.

Craig, B. J., P. G. Pardey, and J. Roseboom. 1997. "International Productivity Patterns: Accounting for Input Quality, Infrastructure, and Research." *American Journal of Agricultural Economics* 79 (4): 1064–76.

Crespi, G., E. Tacsir, and F. Vargas. 2016. "Innovation Dynamics and Productivity: Evidence for Latin America." In *Firm Innovation and Productivity in Latin America and the Caribbean,* 37–71. New York: Palgrave Macmillan.

Dias, D. A, C. Robalo Marques, and C. Richmond. 2019. "A Tale of Two Sectors: Why Is Misallocation Higher in Services than in Manufacturing?" *Review of Income and Wealth,* April 3.

Duernecker, G., B. Herrendorf, and A. K. Valentinyi. 2017. "Structural Change within the Service Sector and the Future of Baumol's Disease." London: Centre for Economic Policy Research.

Eastwood, R., M. Lipton, and A. Newell. 2010. "Farm Size." *Handbook of Agricultural Economics 4:* 3323–97.

Enache, M., E. Ghani, and S. O'Connell. 2016. "Structural Transformation in Africa: A Historical View." Policy Research Working Paper 7743. Washington, DC: World Bank.

Espinoza, M., R. Fort, M. Morris, A. Sebastian, and L. Villazón. 2018. "Understanding Heterogeneity in Peruvian Agriculture: A Meta-Frontier Approach for Analyzing Technical Efficiency." Paper presented to the 2018 Conference of International Association of Agricultural Economists, July 28–August 2, Vancouver, BC.

Eswaran, M., and A. Kotwal. 1989. "Credit as Insurance in Agrarian Economies." *Journal of Development Economics* 1 (1): 37–53.

Evenson, R. E. 2000. "How Far Away Is Africa? Technological Spillovers to Agriculture and Productivity." *American Journal of Agricultural Economics* 82 (3): 743–49.

Evenson, R. E., and K. Fuglie. 2009. "Technology Capital: The Price of Admission to the Growth Club." *Journal of Productivity Analysis* 33 (3): 173–90.

Evenson, R. E., and Y. Kislev. 1975. *Agricultural Research and Productivity*. New Haven, CT: Yale University Press.

Fagerberg, J., and B. Verspagen. 2002. "Technology-Gaps, Innovation-Diffusion and Transformation: An Evolutionary Interpretation." *Research Policy* 31 (8-9): 1291–304.

Fattal Jaef, R. 2019. "Quantitative Evaluation of the Premature Deindustrialization Hypothesis in Latin America?" Working paper. Washington, DC: World Bank.

Feder, G. 1985. "The Relation between Farm Size and Farm Productivity: The Role of Family Labor, Supervision and Credit Constraints." *Journal of Development Economics* 18 (2–3): 297–313.

Fuglie, K. P. 2015. "Accounting for Growth in Global Agriculture." *Bio-Based and Applied Economics* 4 (3): 201–34.

Fuglie, K. P. 2018. "R&D Capital, R&D Spillovers, and Productivity Growth in World Agriculture." *Applied Economic Perspectives and Policy* 40 (3): 421–44.

Fuglie, K. P., M. Gautam, A. Goyal, and W. F. Maloney. 2020. *Harvesting Prosperity Technology and Productivity Growth in Agriculture*. Washington, DC: World Bank.

Fuglie, K. P., P. Heisey, J. King, C. Pray, and D. Schimmelpfennig. 2012. "The Contribution of Private Industry to Agricultural Innovation." *Science,* November 23, 1031–32.

García-Santana, M., E. Moral-Benito, J. Pijoan-Mas, and R. Ramos. 2016. "Growing Like Spain: 1995–2007." Working Paper 16098. Madrid: Bank of Spain.

Ghani, E., and H. Kharas. 2010. "The Service Revolution." Brief 54595. Washington, DC: World Bank.

Goyal, A., and C. González-Velosa. 2012. "Improving Agricultural Productivity and Market Efficiency in Latin America and the Caribbean: How ICTs Can Make a Difference?" Working Paper 68255. Washington, DC: World Bank.

Hallward-Driemeier, M., and G. Nayyar. 2018. *Trouble in the Making? The Future of Manufacturing-led Development*. Washington, DC: World Bank.

Hardaker, J. B., G. Lien, J. R. Anderson, and R. B. M. Huirne. 2015. *Coping with Risk in Agriculture: Applied Decision Analysis,* 3rd ed. Wallingford, UK: Centre for Agriculture and Bioscience International.

Helfand, S. M., and E. S. Levine. 2004. "Farm Size and the Determinants of Productive Efficiency in the Brazilian Center-West." *Agricultural Economics* 31 (2–3): 241–49.

Helfand, S. M., and M. Taylor. 2016. "Agricultural Productivity and Farm Size in Latin America." Riverside: University of California.

Hsieh, C.-T., and P. J. Klenow. 2009. "Misallocation and Manufacturing TFP in China and India." *Quarterly Journal of Economics* 124 (4): 1403–48.

Hurley, T. M., X. Rao, and P. G. Pardey. 2014. "Re-examining the Reported Rates of Return to Food and Agricultural Research and Development." *American Journal of Agricultural Economics* 96 (5): 1492–04.

Ivanic, M., and W. Martin. 2018. "Sectoral Productivity Growth and Poverty Reduction: National and Global Impacts." *World Development* 109: 429–39.

Jorgenson, D. W., and M. P. Timmer. 2011. "Structural Change in Advanced Nations: A New Set of Stylised Facts." *Scandinavian Journal of Economics* 113 (1): 1–29.

Kagin, J., J. E. Taylor, and A. Yúnez-Naude. 2016. "Inverse Productivity or Inverse Efficiency? Evidence from Mexico." *Journal of Development Studies* 52 (3): 396–411.

Kinfemichael, B., and A. M. Morshed. 2016. "Convergence of Labor Productivity across the US States." *Economic Modeling* 76 (C): 270–80.

Luh, Y. H., C. Chang, and F. Huang. 2008. "Efficiency Change and Productivity Growth in Agriculture: A Comparative Analysis for Selected East Asian Economies." *Journal of Asian Economics* 19 (4): 312–24.

Nordhaus, W. D. 2008. "Baumol's Diseases: A Macroeconomic Perspective." *BE Journal of Macroeconomics* 8 (1).

Olley, G., and A. Pakes. 1996. "The Dynamics of Productivity in the Telecommunications Equipment Industry." *Econometrica* 64 (6): 1263–97.

Oulton, N. 2001. "Must the Growth Rate Decline? Baumol's Unbalanced Growth Revisited." *Oxford Economic Papers* 53 (4): 605–27.

Reimers, M., and S. Klasen. 2013. "Revisiting the Role of Education for Agricultural Productivity." *American Journal of Agricultural Economics* 95 (1): 131–52.

Schimmelpfennig, D., and C. Thirtle. 1999. "The Internationalization of Agricultural Technology: Patents, R&D Spillovers, and Their Effects on Productivity in the European Union and United States." *Contemporary Economic Policy* 17 (4): 457–68.

Schumacher, E. F. 1973. *Small Is Beautiful: Economics as If People Mattered.* New York: Harper Collins.

Sen, A. K. 1966. "Peasants and Dualism with or without Surplus Labor." *Journal of Political Economy* 74 (5): 425–50.

Sinha, R. 2019a. "Distortions in Intermediate Markets and Structural Transformation in Latin America." Working paper. Washington, DC: World Bank.

Sinha, R. 2019b. "What Explains Latin America's Low Share of Industrial Employment?" Policy Research Working Paper 8791. Washington, DC: World Bank.

Solis, D., B. E. Bravo-Ureta, and R. E. Quiroga. 2009. "Technical Efficiency among Peasant Farmers Participating in Natural Resource Management Programmes in Central America." *Journal of Agricultural Economics* 60 (1): 202–19.

Stifel, D., and B. Minten. 2008. "Isolation and Agricultural Productivity." *Agricultural Economics* 39 (1): 1–15.

Thirtle, C., L. Lin, and J. Piesse. 2003. "The Impact of Research-Led Agricultural Productivity Growth on Poverty Reduction in Africa, Asia and Latin America." *World Development* 31 (12): 1959–75.

Timmer, M. P., G. J. de Vries, and K. de Vries. 2015. "Patterns of Structural Change in Developing Countries." In *Routledge Handbook of Industry and Development,* edited by J. Weiss and M. Tribe, 65–83. Abdingdon-on-Thames, UK: Routledge.

Trindade, F. J., and L. E. Fulginiti. 2015. "Is There a Slowdown in Agricultural Productivity Growth in South America?" *Agricultural Economics* 46 (SI): 69–81.

Transformación económica, habilidades y el futuro del trabajo

3

En el capítulo 2, se describió cómo los cambios tecnológicos, los efectos de los ingresos y las preferencias de los consumidores están cambiando la estructura de las economías en la región de América Latina y el Caribe. Este capítulo se ocupa de los impactos que esta transformación económica y la aparición de nuevas tecnologías tendrán en los empleos, las ocupaciones y la demanda de habilidades.

Recientemente, se ha otorgado mucha atención a los impactos potenciales de las tecnologías emergentes. En el contexto de la Cuarta Revolución Industrial se han desarrollado innovaciones tecnológicas como la inteligencia artificial (IA), la internet de las cosas y la impresión en 3D. Mientras tanto, ha aparecido una serie de informes y libros encaminados a comprender el impacto de estas tecnologías en el mercado laboral y los puestos de trabajo del futuro[1].

Los temores en torno al concepto de «desempleo tecnológico» han acaparado los titulares y dominan las preocupaciones de los responsables de la formulación de políticas y los trabajadores por igual. El desempleo tecnológico se refiere a la noción de que las innovaciones tecnológicas como la IA y la automatización tomarán el control en la mayoría de las tareas de producción de la economía, dejando a los humanos sin trabajo. El temor a que las máquinas ocupen los puestos de trabajo no es nuevo y de hecho ha existido durante siglos. Quizás el caso más conocido sea el ocurrido en Inglaterra a principios del siglo XIX: los miembros del movimiento ludita sabotearon las nuevas máquinas textiles para defender sus puestos de trabajo. Sin embargo, la historia económica ha demostrado que estas preocupaciones son infundadas. En repetidas ocasiones, las innovaciones tecnológicas han estimulado grandes ganancias de productividad que mejoraron las condiciones de vida y crearon más puestos de trabajo que los que destruyeron.

Como se analiza con mayor detalle a continuación, es difícil prever el impacto total de la automatización porque los efectos de las innovaciones tienden a ser generalizados y provocar un efecto dominó en toda la economía. En esencia, las nuevas tecnologías que aumentan la productividad tienen efectos de equilibrio general que aumentan la demanda de mano de obra en toda la economía. La idea simplista de que una economía tiene un número fijo de tareas se conoce como la «falacia de la carga fija de trabajo». Las innovaciones pueden generar puestos de trabajo en la industria donde se aplican, pero también en las industrias que están conectadas (mediante encadenamientos hacia adelante o hacia atrás) a dicha industria e incluso en industrias no asociadas. La historia también nos enseña que las innovaciones pueden crear puestos de trabajo que aún no existen en la actualidad.

No obstante, como se describe en este capítulo, el mercado laboral ya está cambiando. Durante la década de 1990 y principios de 2000 la principal preocupación de los economistas laborales era el aumento de la desigualdad salarial tanto en las economías desarrolladas como en las economías en desarrollo. Con el tiempo, han surgido nuevas evidencias en las economías avanzadas que indican que los puestos de trabajo y las ocupaciones en el medio de la distribución salarial han ido disminuyendo, un fenómeno que se ha denominado polarización del mercado laboral. Para explicar este fenómeno, los economistas se basan en una nueva teoría conocida como cambio tecnológico con sesgo de rutina (RBTC), que sugiere que el reciente cambio tecnológico está sesgado hacia la sustitución de la mano de obra en tareas rutinarias.

Aunque hay evidencia mixta de que esta polarización del mercado laboral ha llegado hasta los países en desarrollo (Maloney y Molina, 2016; Messina, Oviedo y Pica, 2016), existe una preocupación manifiesta de que llegará a estos países más pronto que tarde. Esto preocupa especialmente a las economías de la región de América Latina y el Caribe, que ya exhiben altos niveles de desigualdad salarial.

Este capítulo comienza con una discusión de los cambios en el mercado laboral que ya se están produciendo en la región de América Latina y el Caribe. Aunque hay pocas evidencias de la polarización del mercado laboral en la región, este estudio encontró cambios sustanciales en la composición de las ocupaciones en la economía; en particular, un desplazamiento de las ocupaciones que son intensivas en tareas manuales rutinarias (MR) (como operarios de máquinas y ensambladores) hacia las ocupaciones que son intensivas en tareas analíticas o cognitivas no rutinarias (como abogados, científicos y gerentes) y tareas interpersonales no rutinarias (como docentes, gerentes e instructores personales).

A continuación, se analizan los efectos de la automatización en los puestos de trabajo en general y se presentan estimaciones, utilizando diferentes metodologías, de las pérdidas potenciales de puestos de trabajo en las economías de América Latina y el Caribe. Es importante señalar de antemano que el rango estimado de las potenciales pérdidas de puestos de trabajo es muy amplio y refleja claramente una limitada comprensión sobre este problema. Quizás más importante aún, las estimaciones se basan en la viabilidad tecnológica más que en los incentivos económicos, y estas metodologías están diseñadas para captar solo una medida de los puestos de trabajo en riesgo y no de los puestos de trabajo potenciales creados.

Por último, en este capítulo se destacan las políticas que los Gobiernos deben adoptar para protegerse de los costos de ajuste potenciales causados por las innovaciones tecnológicas. A medida que algunas ocupaciones sean reemplazadas por máquinas, aparecerán también otras nuevas. No obstante, es evidente que los trabajadores interactuarán con más máquinas y se espera que comprendan tecnologías cada vez más complejas. Por lo tanto, necesitarán las capacidades y habilidades para ajustarse a las nuevas demandas.

La inversión en el capital humano de la fuerza de trabajo sigue siendo la mejor política para asegurarse contra el riesgo de automatización y debería ser una prioridad para los responsables de la formulación de políticas. Aunque invertir en la educación de la primera infancia genera el mayor rendimiento de la inversión (Banco Mundial, 2019), hay margen para mejorar en todas las dimensiones del sistema educativo. En décadas recientes, muchos países de América Latina y el Caribe han hecho avances importantes en la mejora del acceso a la educación secundaria, pero la calidad de la educación sigue estando a la zaga de la educación en las naciones avanzadas y los países en desarrollo de Asia oriental.

Lo que podría llegar a ser más importante a medida que se adopten las nuevas tecnologías de la automatización en los países de América Latina y el Caribe es la educación para adultos y los programas de recapacitación laboral. Aunque la cronología de la adopción de la tecnología no es clara, es posible que las transformaciones en el lugar de trabajo se produzcan a mitad de la carrera de muchos trabajadores, por lo que tendrán que adaptarse y ajustarse al cambiante conjunto de tareas que deben realizar en el trabajo. Para minimizar los costos del ajuste que soportan los trabajadores, los Gobiernos deben apoyar programas que ayuden a los trabajadores a mejorar sus habilidades y capacitarse para estos nuevos puestos de trabajo y tareas.

El mercado laboral ya está cambiando

De la producción a los servicios

Como se sostiene en el presente informe, grandes fuerzas económicas están transformando la economía mundial, desplazando el empleo de la producción (agricultura e industria) al sector servicios. Hay dos factores en juego. En primer lugar, a medida que aumentan los ingresos, los consumidores tienden a dedicar una mayor parte de sus gastos a los servicios. En segundo lugar, el progreso tecnológico es más agudo en los sectores agrícola e industrial, lo que empuja a los trabajadores al sector servicios.

A este cambio en la estructura económica se suma una transformación de las ocupaciones dentro de amplios sectores económicos. Duernecker y Herrendorf (2017) proponen un nuevo modelo de transformación estructural que distingue entre categorías amplias de ocupaciones en lugar de categorías amplias de industrias. Clasifican las ocupaciones utilizando el mismo principio subyacente que para las industrias: las ocupaciones de bienes, como los trabajadores agrícolas y operarios de máquinas, producen un valor agregado tangible; las ocupaciones de servicios, como los administrativos y gerentes, producen un valor agregado intangible. Con esta novedosa clasificación y utilizando 182 datos censales armonizados para 67 países, Duernecker y Herrendorf (2017) muestran que, a medida que aumenta el PIB per cápita, el empleo en ocupaciones de bienes disminuye, mientras que aumenta en las ocupaciones de servicios. Sin embargo, lo más sorprendente es que, a medida que aumenta el PIB per cápita, la participación del empleo en ocupaciones de servicios aumenta en *todos* los sectores económicos. Por lo tanto, los trabajadores se están desplazando hacia ocupaciones de servicios (que producen valor agregado intangible) en el sector servicios, pero también en el sector de la producción de bienes. Este resultado está estrechamente relacionado con la «servicificación» del fenómeno manufacturero descrito en el capítulo 2.

Este estudio replica el análisis de Duernecker y Herrendorf (2017) y concluye que estos cambios están presentes también en los países de América Latina y el Caribe. A medida que las economías latinoamericanas han crecido a lo largo del tiempo, la participación de trabajadores empleados en ocupaciones de bienes ha caído, mientras que la participación en ocupaciones de servicios ha aumentado (véase el gráfico 3.1, paneles a y b). Un análisis más detallado muestra que la disminución de las ocupaciones de bienes está relacionada con las disminuciones tanto en el sector agrícola como en el industrial. Quizás con relación a la hipótesis de la desindustrialización prematura, los gráficos revelan que los países de América Latina y el Caribe parecen tener menos ocupaciones de bienes y más ocupaciones de servicios de lo esperado dado el nivel de desarrollo.

En la tabla 3.1 se presentan estimaciones sobre cómo cambia la composición de las ocupaciones durante el proceso de desarrollo. Es evidente que el desarrollo económico no solo trae consigo un cambio en los niveles de empleo totales por sector, también cambia la asignación de la mano de obra dentro de los sectores. En otras palabras, a medida que se desarrollan las economías, cada sector de la economía emplea relativamente menos personas directamente en el proceso de producción y más personas que producen valor agregado intangible.

GRÁFICO 3.1 **Desarrollo de las ocupaciones de bienes y servicios, ALC y resto del mundo**

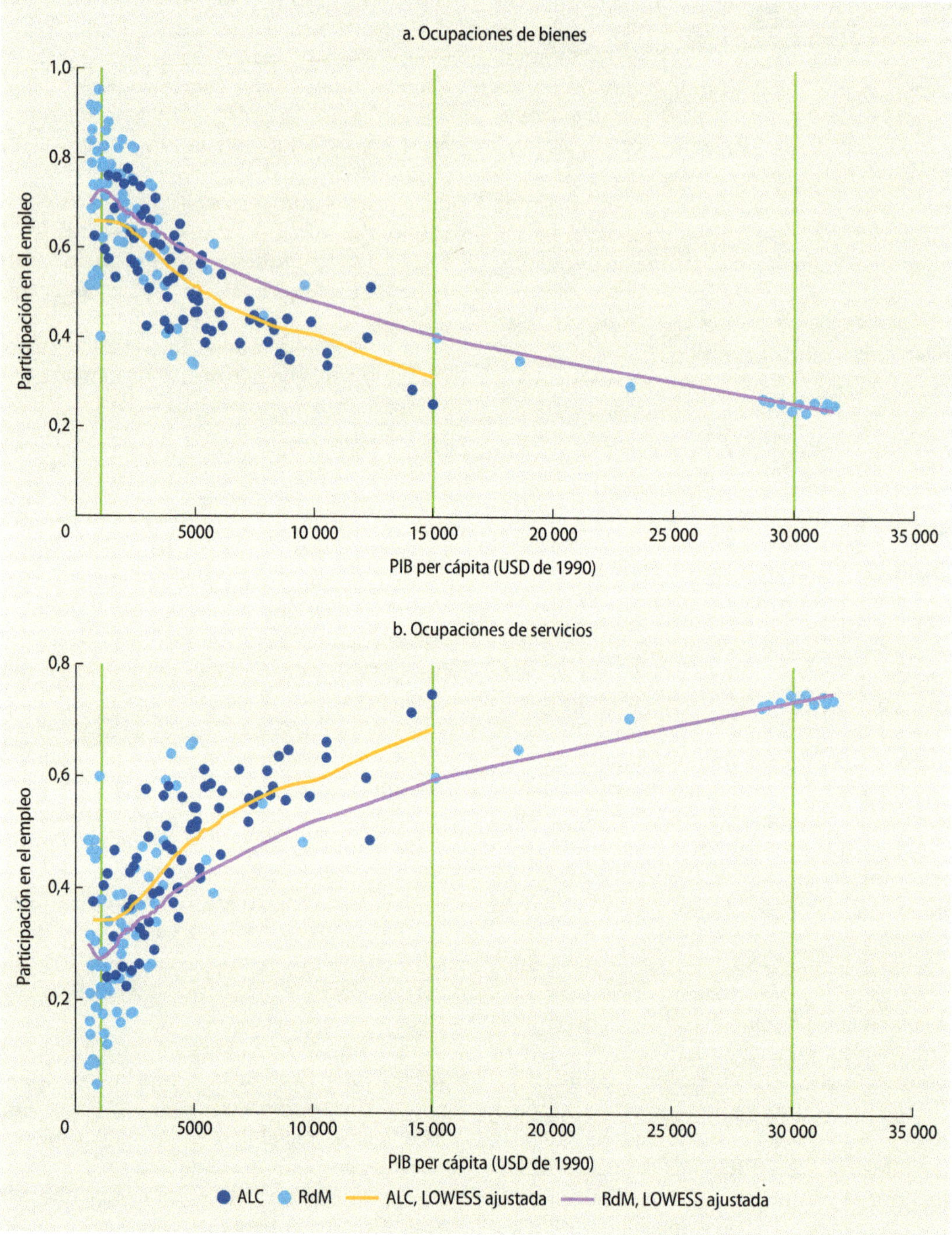

Fuente: Cálculos originales para esta publicación utilizando la base de datos IPUMS International Database (Minnesota Population Center, 2019); base de datos Maddison (Bolt *et al.*, 2018).
Nota: Las líneas verdes verticales señalan los valores 1000, 15 000 y 30 000, para los cuales se incluyen las participaciones del empleo en la tabla 3.1. LOWESS = regresión polinómica local ponderada; RdM = resto del mundo.

TABLA 3.1 Reasignación de las ocupaciones dentro de los sectores durante el proceso de desarrollo

	Sector de bienes			Sector servicios		
PIB per cápita (dólares internacionales de 1990)	**1000**	**15 000**	**30 000**	**1000**	**15 000**	**30 000**
Participación del empleo (%) de						
Ocupaciones de bienes	0,97	0,75	0,60	0,17	0,14	0,11
Ocupaciones de servicios	0,03	0,25	0,40	0,83	0,86	0,89

Fuente: Cálculos originales para esta publicación utilizando la base de datos IPUMS International Database (Minnesota Population Center, 2019).
Nota: Las participaciones se calculan a partir de las curvas ajustadas por LOWESS.

Por lo tanto, dos efectos están cambiando la naturaleza de los puestos de trabajo en la misma dirección. En primer lugar, las innovaciones tecnológicas y el aumento de los ingresos están desplazando la producción y los trabajadores de la agricultura y la manufactura hacia el sector servicios. En segundo lugar, este efecto se ve agravado por el cambio en la composición de las ocupaciones en curso *dentro* de cada amplio sector económico. En otras palabras, dentro de los sectores manufacturero y agrícola, las ocupaciones se están desplazando de la producción hacia las ocupaciones de servicios (es decir, más gerentes y profesionales y menos trabajadores agrícolas y operarios de máquinas). El panorama que emerge es el de una situación en la que los puestos de trabajo del futuro serán principalmente ocupaciones de servicios que se concentran cada vez más en el sector servicios. Lo más importante para los responsables de la formulación de políticas es que las ocupaciones de servicios requieren habilidades muy diferentes de las necesarias para las ocupaciones relacionadas con la producción. En la siguiente sección se aborda esta cuestión.

Del cambio tecnológico con sesgo de habilidad al cambio tecnológico con sesgo de rutina

La evidencia reciente en la literatura académica describe un mercado laboral que está cambiando rápida y significativamente. Partiendo de la observación de que los patrones de destrucción y creación de empleo no son aleatorios, los economistas laborales han formulado diferentes hipótesis para explicar los patrones observados. Lo que sí es evidente es el cambio significativo en la demanda de habilidades.

Durante la década de 1990 y principios de 2000, la desigualdad salarial aumentó en las economías desarrolladas y en desarrollo. En particular, quedó documentado que la prima por capacitación (el ingreso extra que reciben los trabajadores calificados) estaba aumentando. Los economistas laborales plantearon la hipótesis de que las innovaciones tecnológicas estaban beneficiando más a los trabajadores calificados con relación a los trabajadores de menor calificación. Esta llamada teoría del cambio tecnológico con sesgo de habilidad (SBTC) explicaba esencialmente el aumento de la prima salarial de los trabajadores calificados al sugerir que las nuevas tecnologías estaban aumentando la productividad de los trabajadores altamente calificados. En otras palabras, las innovaciones tecnológicas eran complementarias a los trabajadores calificados. En consecuencia, se volvieron más productivos y demandados, lo que en última instancia condujo a salarios más altos de la mano de obra calificada. Durante un par de décadas, la teoría y los ensayos empíricos y las evidencias sirvieron para explicar los patrones observados en los datos.

Sin embargo, con el tiempo, nuevos estudios mostraron un vaciado de los puestos de trabajo y las ocupaciones que se encontraban en el medio de la distribución salarial en las economías desarrolladas. Aunque aún se creaban puestos de trabajo en ambos extremos del espectro de calificaciones (calificaciones bajas y altas), los puestos de trabajo de calificación media estaban desapareciendo. Este fenómeno es conocido como polarización del mercado laboral. Concretamente, los puestos de trabajo mejor remunerados, como las ocupaciones directivas, profesionales y expertos asociados, están experimentando rápidos incrementos en sus participaciones del empleo. Además, han aumentado las participaciones del empleo en trabajadores de servicios peor remunerados, como los empleados domésticos, los limpiadores, el personal de seguridad y aquellos que se dedican a la hostelería y el cuidado personal. En cambio, han disminuido las participaciones del empleo en puestos de trabajo con remuneraciones medias, como los empleados de oficina, los trabajadores de artesanías y oficios afines, y los operarios de plantas y máquinas, y ensambladores. Este fenómeno ha sido bien documentado en Estados Unidos y Reino Unido, Alemania y otras grandes economías de Europa occidental[2].

Para explicar estos nuevos patrones en el mercado laboral, los economistas desarrollaron una nueva teoría: el RBTC. Esencialmente, las tareas rutinarias son un conjunto limitado y bien definido de actividades cognitivas y manuales que pueden llevarse a cabo siguiendo reglas explícitas. Por ejemplo, la selección, la clasificación y el montaje repetitivo son tareas MR; el mantenimiento de registros, el cálculo y el servicio de atención al cliente repetitivo (como los cajeros de los bancos) son ejemplos de tareas cognitivas rutinarias (CR). Las tareas no rutinarias son aquellas que no se pueden codificar o definir con reglas explícitas. Estas tareas pueden ser de carácter cognitivo, como la resolución de problemas, las actividades de comunicación complejas y la formulación y comprobación de hipótesis. También pueden ser manuales, por ejemplo, conducir y realizar actividades deportivas.

Los modelos de RBTC generalmente postulan que los ordenadores y los robots son más intercambiables por trabajos humanos que entrañan tareas rutinarias que tareas no rutinarias. Tanto las tareas rutinarias como las no rutinarias son sustitutas imperfectas, y una mayor intensidad de los insumos rutinarios aumenta el producto marginal de los insumos no rutinarios. Según Autor y Dorn (2013, 1559), «la caída secular de los precios en las tareas rutinarias que hacen uso de capital informático complementa las tareas "abstractas" de creatividad, resolución de problemas y coordinación que desarrollan trabajadores altamente calificados, como profesionales y directivos, para quienes el análisis de datos es un insumo para la producción. De una manera crítica, la automatización de las tareas rutinarias no sustituye ni complementa directamente las principales tareas de ocupaciones con un nivel bajo de calificación —en particular, las ocupaciones de servicios— que dependen en gran medida de tareas "manuales" como la destreza física y la comunicación interpersonal flexible. En consecuencia, a medida que la informatización erosiona el salario pagado a las tareas rutinarias en el modelo, los trabajadores menos calificados reasignan su oferta de mano de obra a ocupaciones de servicios».

Esta nueva teoría parece ajustarse bastante bien a la experiencia de las economías desarrolladas. ¿Cuál ha sido la experiencia de los países en desarrollo? ¿También se está produciendo una polarización del mercado laboral en los países en desarrollo? ¿Se materializarán los mismos patrones? ¿Y cuál es la posición de la región de América Latina y el Caribe en este debate? Este capítulo se ocupa de estas preguntas a continuación.

La polarización del mercado laboral en el mundo en desarrollo: ¿está próxima?

Hasta la fecha, hay evidencia mixta sobre la polarización del mercado laboral en los países en desarrollo. Por una parte, aunque la polarización no se haya producido aún, puede ser inminente, a medida que las innovaciones tecnológicas se diseminen y adopten en todos los países en desarrollo. Por otra parte, hay muchas razones por las que la experiencia de los países en desarrollo no tiene por qué ser similar a la de las economías avanzadas.

Maloney y Molina (2016) presentan varias razones posibles por las cuales la polarización del mercado laboral podría no llegar a producirse nunca o podría ser más moderada en algunos países. En primer lugar, las distribuciones iniciales de las ocupaciones pueden ser muy diferentes en las economías en desarrollo.

Por ejemplo, es posible que no tengan muchos trabajadores dedicados a tareas rutinarias, comúnmente asociadas con la fabricación y el trabajo administrativo rutinario en oficinas. Este argumento es particularmente relevante para los países de ingresos más bajos, en los que la industrialización puede ser limitada (y los trabajos rutinarios de fabricación son pocos), y en los que muchos trabajadores se dedican a ocupaciones primarias y elementales. Por lo tanto, serían pocos los trabajadores que se dedican principalmente a tareas rutinarias los que serían desplazados. En el contexto de la región de América Latina y el Caribe, este argumento puede ser relevante para Bolivia, Haití y algunos países de América Central.

En segundo lugar, los puestos de trabajo externalizados de las economías avanzadas podrían estar llenando (contrariamente a vaciar) los puestos de trabajo de calificación media en las economías en desarrollo. Esto podría ser particularmente importante para México y algunas economías de América Central, que podrían recibir los puestos de trabajo del sector manufacturero que se están externalizando en Estados Unidos.

En tercer lugar, las nuevas tecnologías podrían reducir las barreras de entrada y facilitar los flujos de información sobre mercados y oportunidades, productos potenciales, insumos y tecnologías de producción para permitir crear nuevas industrias, como los servicios de transporte, las finanzas, el turismo y la comercialización internacional de productos locales. Mientras tanto, el impacto de las innovaciones tecnológicas en los países en desarrollo es incierto. Algunos estudios sugieren que la adopción de las TIC está estrechamente correlacionada con la polarización del empleo (Michaels, Natraj y Van Reenen, 2013). Sin embargo, los *stocks* de capital relacionados con las TIC son menores en los países en desarrollo (Eden y Gaggl, 2015), por lo que los efectos de desplazamiento en los puestos de trabajo directamente afectados por las TIC podrían ser más moderados.

Como se argumentará con más detalle en breve, la adopción de tecnologías que ahorren mano de obra, que aumenten la productividad y reduzcan los precios finales puede dar lugar a mayores niveles de empleo si la demanda de estos productos o servicios es elástica, lo que significa que un aumento de la cantidad demandada compensará con creces la caída de los precios. Otro argumento se relaciona con el grado de automatización adoptado, ya que depende de varios factores: la calificación de la fuerza de trabajo, la capacidad de mantenimiento y la capacidad de absorción tecnológica, entre otros. La adopción de las tecnologías de la automatización, por lo tanto, puede llegar a dilatarse, dependiendo de estas condiciones iniciales. Mientras tanto, la polarización implica un mayor nivel de empleo en los tipos de ocupaciones que complementan la automatización. Si un país no tiene una mano de obra amplia y altamente calificada, el crecimiento del empleo no se producirá nunca, lo que limitará la polarización de la fuerza de trabajo.

La polarización del mercado laboral en el mundo en desarrollo: la evidencia

Las diferentes fuentes de datos sobre empleo, tareas y ocupaciones han producido resultados mixtos sobre la polarización del mercado laboral. El *Informe sobre el desarrollo mundial 2016: Dividendos digitales* (Banco Mundial, 2016, 120), que está basado en encuestas laborales armonizadas y en la clasificación de Autor (2014), afirma lo siguiente:

> Hay indicios de que el empleo también se está polarizando en varios países de ingresos bajos y medios. La disminución promedio de la participación del empleo rutinario ha sido de 0,39 puntos porcentuales al año; es decir, 7,8 puntos porcentuales para este período. China es una excepción, ya que la mecanización de la agricultura aumentó la participación del empleo rutinario. Los mercados laborales de países de bajos ingresos como Etiopía, con una gran participación del empleo en ocupaciones manuales, tampoco se están polarizando; tampoco lo está haciendo el empleo en Mongolia o en países de América Latina, donde otros factores —como el auge impulsado por los productos primarios que beneficia a los trabajadores menos calificados— podrían desempeñar un papel más preponderante en la configuración de los mercados laborales.

En cambio, Maloney y Molina (2016), que utilizan datos censales armonizados, no hallan evidencias sólidas de polarización en las economías en desarrollo. Los autores observan que las principales categorías ocupacionales asociadas a las tareas rutinarias no están disminuyendo, ni siquiera en términos relativos, en la mayoría de los países en la muestra. Sin embargo, sí encuentran disminuciones relativas en este tipo de ocupaciones en Brasil, Indonesia y México, lo que podría sugerir posibles fuerzas polarizadoras.

Ambos resultados se basan en el análisis de los cambios en la estructura ocupacional dentro de los países a lo largo del tiempo. De acuerdo con el trabajo de Autor (2014), las ocupaciones se clasifican como de baja, media o alta calificación. Específicamente, las ocupaciones de calificación media son ocupaciones no manuales de oficina, de administración y venta (*white collar*), así como producción industrial, artesanía y ocupaciones operativas (*blue collar*). Por lo tanto, utilizando datos censales armonizados o encuestas laborales armonizadas, el análisis se centra en el crecimiento relativo de cada categoría ocupacional.

En este análisis se omite el hecho de que el conjunto de tareas de una ocupación no es estático en el tiempo. Por lo tanto, la demanda de habilidades puede cambiar incluso si la estructura ocupacional no cambia significativamente. De hecho, Autor, Levy y Murnane (2003) y Spitz-Oener (2006) observan que, en respuesta a la introducción de las tecnologías de la automatización, los trabajadores ajustaron su trabajo a tareas complementarias a las realizadas por las máquinas. Además, el análisis de información a nivel trabajador sobre las tareas realizadas en una ocupación revela que las estructuras de tareas de los trabajadores difieren notablemente dentro de cada ocupación (Autor y Handel, 2013). Las diferencias entre países también son relevantes. Messina, Oviedo y Pica (2016) concluyen: «Comparar los valores de intensidad de las tareas en dichos países y Estados Unidos revela que, si bien el contenido abstracto de los puestos de trabajo es similar en América del Norte y del Sur, los contenidos manuales y rutinarios son diferentes. Creemos que puede deberse a que las ocupaciones de América Latina comprenden un conjunto más heterogéneo de tareas». Por lo tanto, es importante considerar no solo la evolución de la estructura ocupacional, sino también cómo cambia el contenido de las tareas en las ocupaciones a lo largo del tiempo.

La demanda cambiante de habilidades en la región de América Latina y el Caribe

A continuación, se describen los resultados del análisis de este estudio sobre la evolución de la demanda de habilidades humanas para 11 países de América Latina y el Caribe de 2000 a 2014. El estudio sigue la metodología propuesta por Autor, Levy y Murnane (2003), y actualizada por Acemoglu y Autor (2011). El enfoque conceptualiza y mide las habilidades mediante la evaluación de las tareas específicas asociadas a las diferentes ocupaciones, en lugar de medir las credenciales educativas de los trabajadores que llevan a cabo dichas tareas. Como es estándar en la literatura, se evalúan cinco tipos de tareas: manuales rutinarias (MR), manuales físicas no rutinarias (MF-NR), cognitivas rutinarias (CR), cognitivo-analíticas no rutinarias (CA-NR) y cognitivo-interpersonales no rutinarias (CP-NR).

El análisis se basa en las encuestas de hogares armonizadas *ex post* para cada país-año producidas por el Banco Mundial y el Centro de Estudios Distributivos, Laborales y Sociales de la Universidad de La Plata en Argentina (CEDLAS). Estas encuestas sobre el trabajo y los ingresos de los hogares son generalmente representativas a nivel nacional y proporcionan información sobre el tamaño del hogar, la demografía y el nivel educativo, y, lo que es más importante, información detallada sobre el empleo. Las clasificaciones ocupacionales originales (no armonizadas) específicas de cada país se reclasifican atendiendo a la Clasificación Internacional Uniforme de Ocupaciones, versión 1988 (CIUO-88), elaborada por la Organización Internacional del Trabajo. Todas las ocupaciones contenidas en las encuestas de hogares se combinan posteriormente con su respectivo contenido de habilidades de la base de datos

Red de Información Ocupacional (O*NET) del Departamento de Trabajo de Estados Unidos (https://www.onetonline.org/).

Una importante advertencia para este análisis es que O*NET se toma como referencia principal porque no existen catálogos de contenido de habilidades por país y año para los países de América Latina y el Caribe[3]. En esencia, se presupone que el contenido de habilidades de una ocupación dada es comparable internacionalmente. La validez de este supuesto puede variar para determinadas ocupaciones o países. Como señalan Aedo *et al.* (2013, 9), «los países difieren en los contextos tecnológicos y legislativos que pueden emplear diferentes perfiles de habilidades para ocupaciones específicas. Por ejemplo, es más probable que los docentes en entornos de bajos ingresos carezcan de las herramientas (particularmente, herramientas TIC) que apoyan la enseñanza innovadora que los docentes de países desarrollados. Del mismo modo, los médicos o enfermeros pueden tener acceso al equipo y conocimientos médicos que repercuten en el contenido de habilidades que pueden aplicar en diferentes entornos». Los autores postulan que las ocupaciones intensivas en tareas no rutinarias probablemente son más intensivas en habilidades en entornos económicos más avanzados que en entornos de ingresos más bajos. De ser cierto, esto sugeriría un posible sesgo al alza en la medición de la intensidad de las habilidades no rutinarias (tanto analíticas como interpersonales)[4].

La medición del contenido de tareas suele basarse en datos que provienen del enfoque basado en expertos o el enfoque basado en trabajadores. En el cuadro 3.1 se describen estos enfoques y sus ventajas y desventajas.

Cualquiera que interprete los resultados de este análisis debe considerar que los valores de los índices no son estrictamente comparables entre países. Por lo tanto, un valor más alto del índice de habilidades CA-NR al fin y al cabo no implica que se encuentren más habilidades de esta índole en un país que en otro. En cambio, implica que el país ha cambiado su estructura ocupacional a favor de dichas habilidades con mayor frecuencia. Por lo tanto, es posible comparar la tasa de cambio (tendencias) entre países a lo largo del tiempo.

Los resultados generales son en su mayor parte consistentes con las conclusiones de la literatura tanto en los países desarrollados como en los países en desarrollo. El gráfico 3.2, paneles a y b, revela que la mayoría de los países de la región de América Latina y el Caribe han experimentado incrementos en las tareas analíticas (panel a) e interpersonales (panel b) dentro del componente de tareas cognitivas no rutinarias. En el caso de las tareas CA-NR, Costa Rica es el país que más ha crecido, seguido por Ecuador, Nicaragua, Perú y Colombia. Uruguay, Brasil y Chile muestran una tasa de crecimiento más lenta pero importante en el uso de estas habilidades, mientras que la República Dominicana y El Salvador muestran tasas de crecimiento lentas. México presenta una disminución en las tareas CA-NR, un resultado sorprendente que puede derivarse, en parte, de ciertas limitaciones de los datos. Dado que México modificó su clasificación ocupacional en 2008, el análisis se limitó al período 2000-08. El año 2008 estuvo marcado por el comienzo de la crisis financiera global, que también pudo haber afectado a los resultados.

Para las habilidades CP-NR, sucede algo similar. Un primer grupo de países compuesto por Costa Rica, Ecuador y Nicaragua lidera la clasificación con tasas de crecimiento muy fuertes, mientras que un segundo grupo, comprendido por la República Dominicana, Uruguay, El Salvador y Perú, también muestra fuertes tasas de crecimiento. Por detrás están Brasil, México, Colombia y Chile con aumentos menores.

Las tendencias temporales de las tareas MF-NR en el panel c son consistentes con los resultados de estudios previos. En toda la región, existe una marcada tendencia a la disminución de las tareas MF-NR. Las disminuciones más grandes se observan en Costa Rica y Perú, seguidos por Nicaragua y Ecuador. El panel e muestra un panorama similar para las tareas MR. La República Dominicana y Costa Rica muestran las mayores disminuciones. En esencia, todos los países de la región están experimentando una disminución de las tareas MF-NR y MR, aunque a ritmos diferentes.

Los resultados sobre las tareas CR son mixtos (gráfico 3.2, panel d). Han aumentado en muchos países de la región (fuertemente en Perú y Brasil), mientras que disminuyen en otros, más notablemente en El Salvador. Hardy, Keister y Lewandowski (2016) informan sobre un resultado similar para una muestra de 10 países de Europa oriental[5]. Los autores atribuyen los diferentes resultados entre países a una combinación de cambios estructurales a ritmos diferentes y desplazamientos hacia el trabajo con una menor velocidad de desrutinización. Este resultado contrasta con la experiencia de los países desarrollados, en los que se observa un claro y marcado descenso de las ocupaciones intensivas en tareas CR. Este resultado debería ser motivo de preocupación para los responsables de la formulación de políticas en la región. La evidencia en las naciones avanzadas sugiere que las tecnologías que podrían reemplazar este tipo de tareas ya existen y podrían adoptarse en la región de América Latina y el Caribe en un futuro cercano. Por lo tanto, estas ocupaciones podrían estar en riesgo de cambiar o desaparecer en la próxima década más o menos, dependiendo del ritmo de adopción de la tecnología.

A continuación, se describen los resultados que surgen de un análisis cronológico de los dos principales sectores económicos (industrial y servicios) para 11 países de la región de América Latina y el Caribe[6]. Siguiendo los mismos procedimientos de estandarización que utilizamos previamente, se describe por separado la evolución de los índices de componentes de tareas para la muestra de trabajadores empleados en cada sector. Por lo tanto, los resultados presentados se refieren únicamente a los cambios en la utilización de las tareas dentro de cada sector y se abstraen de los efectos de la reasignación de la mano de obra entre los sectores.

CUADRO 3.1 ¿Qué hacen los trabajadores?

Los empleos en una economía están indexados a un conjunto de ocupaciones que desarrollan tareas. Estas tareas se han clasificado en la literatura como rutinarias o no rutinarias; véanse Acemoglu y Autor (2011) y Autor, Levy y Murnane (2003). La primera categoría consiste en actividades manuales y específicas, generalmente más propensas a la automatización y a la replicabilidad por máquinas u ordenadores. La segunda categoría está compuesta por actividades más complejas en las que la abstracción y las habilidades socioemocionales desempeñan un papel importante. Sin embargo, medir el contenido de las tareas no es sencillo, y las dos principales fuentes de datos que lo validan son producidas por un grupo de expertos, atendiendo a un número fijo de ocupaciones (enfoque basado en expertos), o por trabajadores que identifican el contenido de sus tareas basándose en su propia experiencia (enfoque basado en trabajadores).

Enfoque basado en expertos

Este enfoque se basa en entrevistas a un grupo de informantes —titulares de un puesto de trabajo, expertos en la ocupación y psicólogos industriales— para que valoren la importancia de una ocupación determinada, puntuando la importancia o la intensidad de las diferentes tareas en el lugar de trabajo. Una fuente común de información es O*NET[a], que abarca casi 1000 ocupaciones en Estados Unidos. En un principio, O*NET opera proporcionando información sobre descriptores orientados al trabajo (como características del trabajador, requisitos del trabajador y requisitos de experiencia) y descriptores orientados al puesto de trabajo (como requisitos ocupacionales, características de la mano de obra e información específica de la ocupación) que tienen en cuenta las tareas. Estas evaluaciones se actualizan periódicamente para reflejar los cambios en la

El cuadro continúa en la página siguiente

CUADRO 3.1 ¿Qué hacen los trabajadores? *(Continuado)*

estructura ocupacional de la economía de Estados Unidos, utilizando como referencia la Clasificación Estándar de Ocupaciones (SOC).

El enfoque basado en expertos se ha utilizado ampliamente en estudios destinados a comprender la dinámica de las ocupaciones (por ejemplo, Acemoglu y Autor, 2011; Autor y Dorn, 2009; Goos y Manning, 2007; Goos, Manning y Salomons, 2009). Una ventaja de este enfoque es que sirve como una amplia fuente de información sobre las tareas a lo largo del tiempo que también puede extrapolarse a otras economías. Sin embargo, dicha transición mediante referencias cruzadas ha recibido críticas por el sesgo evidente que se produce al asumir que el contenido de tareas es el mismo que en Estados Unidos, principalmente de los datos de O*NET[b].

Enfoque basado en trabajadores

A diferencia del enfoque basado en expertos, esta forma de medir las tareas toma como referencia a los trabajadores por medio de encuestas específicas. Se entrevista a los trabajadores y se les pregunta sobre sus atributos cognitivos y no cognitivos en el trabajo. Dos fuentes comunes de información son el programa de medición de habilidades STEP (Habilidades para el Empleo y la Productividad) del Banco Mundial para los países en desarrollo y el Programa para la Evaluación Internacional de las Competencias de Adultos (PIAAC) para los países de la OCDE[c]. STEP y PIAAC encuestan a personas aleatorias, de 15 a 65 años, acerca de las características de sus hogares en las áreas de salud, educación, capacitación y empleo. Además, recopilan datos sobre habilidades cognitivas y socioemocionales que reflejan la complejidad y la frecuencia de uso de la lectura, la escritura y las matemáticas; requisitos físicos (manuales); y actividades interpersonales en el trabajo.

La principal ventaja de utilizar el enfoque basado en trabajadores es que evita los errores de medición al atribuir los datos de Estados Unidos[d] (a través de O*NET), por ejemplo, a las economías en desarrollo. No obstante, el sesgo de respuesta producido por la gran variación en el cálculo de los indicadores de tareas dentro de las ocupaciones puede ser problemático. La escasa representación de ocupaciones debido a muestras pequeñas que no abarcan todos los sectores económicos también podría entorpecer la comparabilidad con estudios que se basan en el enfoque basado en expertos.

a. Otra referencia para Estados Unidos es el *Diccionario de títulos ocupacionales*, una versión anterior de O*NET, también patrocinada por el Departamento de Trabajo de Estados Unidos, pero actualmente desactualizada en la literatura.
b. Véase, por ejemplo, Hardy, Keister y Lewandowski (2018) para una aplicación en Europa oriental, y Aedo *et al.* (2013) para una comparación entre países utilizando encuestas de hogares y O*NET.
c. https://microdata.worldbank.org/index.php/catalog/step/about); https://www.oecd.org/skills/piaac/.
d. Dicarlo *et al.* (2016) observan que las tareas no rutinarias en los países en desarrollo tienden a parecerse a los datos de Estados Unidos. Se informa sobre una baja correlación para las tareas rutinarias, lo que significa que los estudios del enfoque basado en expertos sobreestiman el contenido de tareas repetitivas básicas.

Sector industrial

En el gráfico 3.3, paneles a y b, se describe la evolución de las tareas CA-NR y CP-NR en el sector industrial (minería y extracción, manufactura, construcción y servicios públicos). Ambos gráficos narran la misma historia: un aumento en la intensidad de las tareas CA-NR y CP-NR en el sector industrial. Entre ellos, surgen dos grupos. Nicaragua, Perú, El Salvador, la República Dominicana, Ecuador, Costa Rica y Brasil muestran las tasas más altas de transición hacia ocupaciones intensivas en tareas CA-NR y CP-NR. Les siguen a un ritmo más modesto Chile, Colombia, México y Uruguay.

El panel c del gráfico 3.3 muestra que en el sector industrial las tareas de trabajo MF-NR han aumentado en todos los países. Los cambios son más significativos en Chile, Ecuador, El Salvador y Brasil, y más moderados en Costa Rica, Nicaragua, Colombia y la República Dominicana. Los paneles d y e

GRÁFICO 3.2 Evolución del contenido de tareas en los puestos de trabajo (cambio promedio): 11 países de ALC, 2000-14

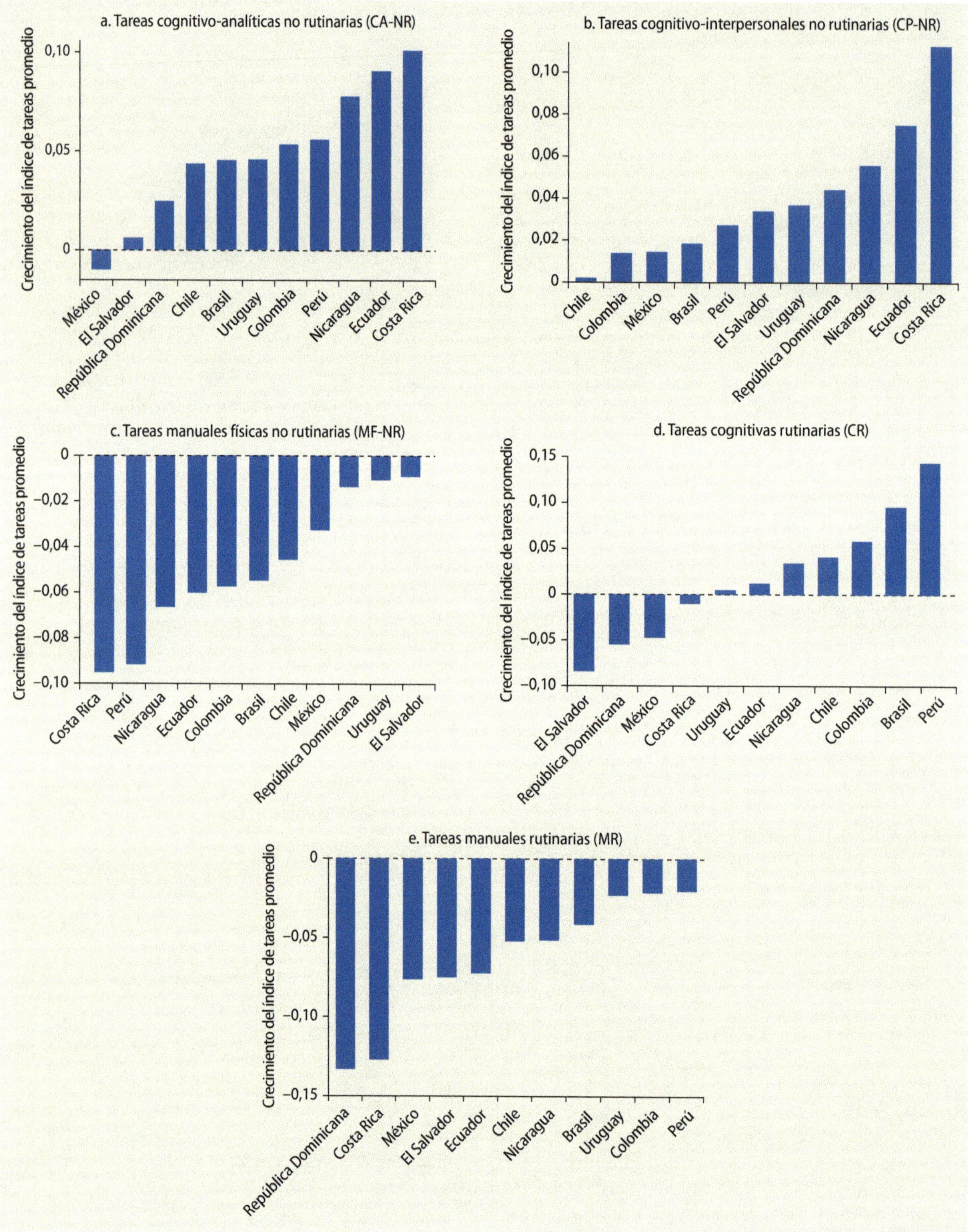

Fuente: Cálculos originales para esta publicación utilizando encuestas de hogares de la Base de Datos Socioeconómicos para América Latina y el Caribe (SEDLAC), del CEDLAS y el Banco Mundial (https://datacatalog.worldbank.org/dataset/socio-economic-database-latin-america-and-caribbean).

GRÁFICO 3.3 Evolución del contenido de tareas en los puestos de trabajo del sector industrial: 11 países de ALC, 2000-14

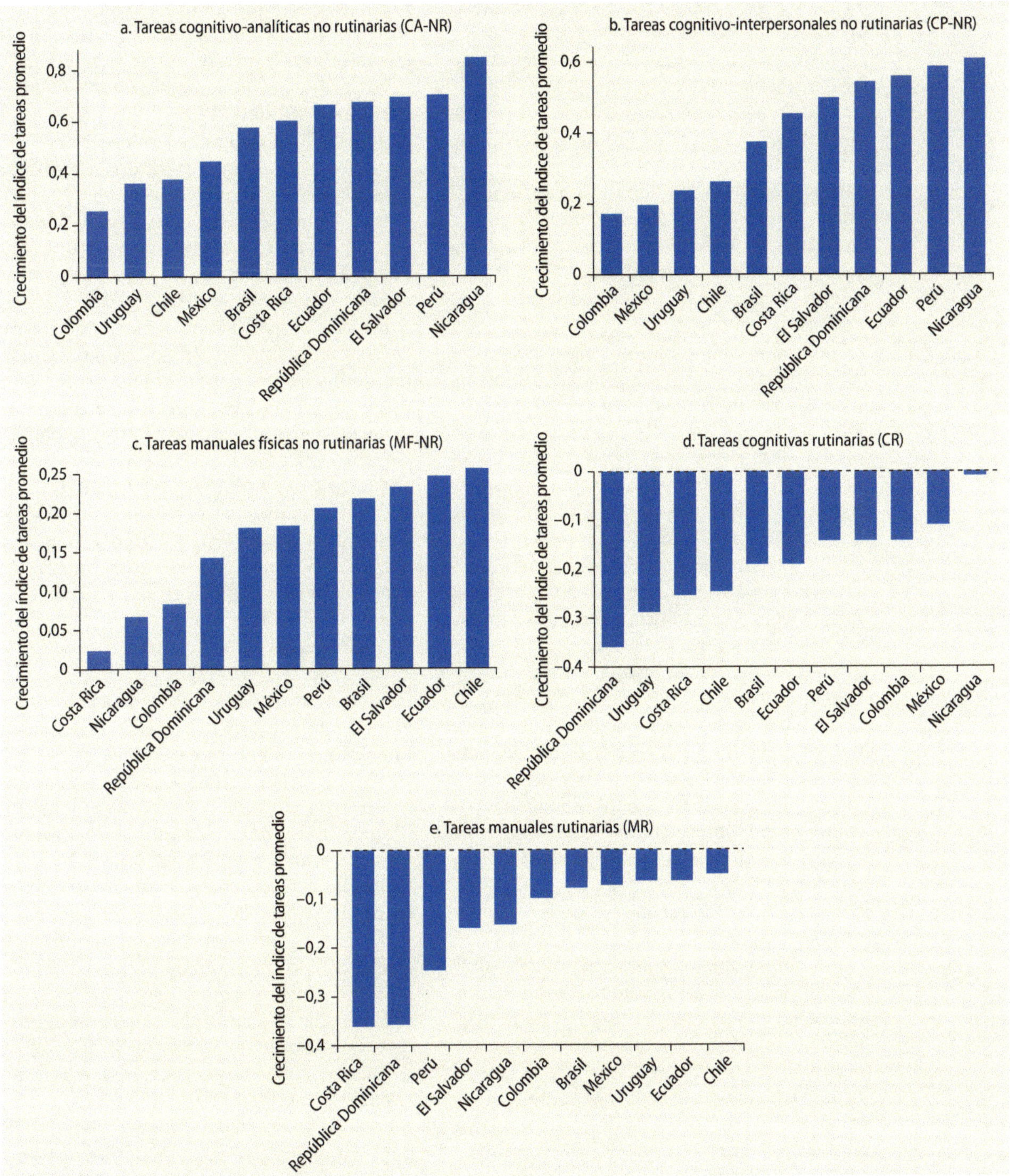

Fuente: Cálculos originales para esta publicación utilizando encuestas de hogares SEDLAC, del CEDLAS y el Banco Mundial (https://datacatalog.worldbank.org/dataset/socio-economic-database-latin-america-and-caribbean).

del gráfico 3.3 describen la evolución de las tareas CR y las tareas MR en el sector industrial. Los resultados son muy similares a los de las tareas no rutinarias: en la mayoría de los países, disminuyen.

Estos resultados sugieren que los procesos de producción en el sector industrial de la región están cambiando, adoptando más tareas cognitivas y manuales no rutinarias. Al mismo tiempo, y en consonancia con la literatura sobre automatización y robotización, la demanda de habilidades en la región se está alejando de las tareas rutinarias, tanto cognitivas como manuales.

Llegados a este punto, cabe hacer una advertencia. Como se ha señalado anteriormente, este análisis se basa en la clasificación de tareas de O*NET, tanto del año inicial 2003 como de la versión actualizada de 2017. El uso de ambos catálogos permite incorporar al análisis los posibles cambios que se hayan producido a lo largo del tiempo en las tareas dentro de las ocupaciones. En otras palabras, los trabajadores de una misma ocupación podrían estar realizando un conjunto diferente de tareas entre estos dos puntos en el tiempo. La adopción de nuevas tecnologías, por ejemplo, puede sustituir parte de las tareas de una ocupación, permitiendo así a los trabajadores dedicar más tiempo a otras tareas y modificando la intensidad de las tareas dentro de una ocupación. Por lo tanto, el supuesto en este análisis es que los cambios en las tareas de Estados Unidos también se han producido en los países de América Latina y el Caribe y en la misma medida.

Lo que sigue es una descomposición simple de los resultados generales del sector industrial en tres componentes: 1) entre ocupaciones (cambios en la estructura ocupacional dentro del sector industrial), 2) dentro de las ocupaciones (cómo han cambiado las tareas en una determinada ocupación), y 3) la interacción entre estos dos. Esta descomposición permite desentrañar algunos patrones heterogéneos que se observan en los distintos países.

En el gráfico 3.4 se presentan los resultados de esta descomposición simple para las tareas CA-NR (panel a) y CP-NR (panel b). Los patrones que se acaban de describir son, en su mayor parte, el resultado de los cambios ocurridos en las ocupaciones. Curiosamente, en cinco países —Chile, Ecuador, México, Perú y Uruguay— los cambios entre ocupaciones contribuyeron negativamente a los resultados cognitivos no rutinarios generales. En otras palabras, con el tiempo el sector industrial de estas economías ha cambiado su estructura ocupacional, alejándose de las tareas cognitivas no rutinarias. Sin embargo, este efecto se revierte completamente con el aumento de las tareas cognitivas no rutinarias dentro de las ocupaciones. Por lo tanto, si se asume que los trabajadores de la región de América Latina y el Caribe en una ocupación específica no cambiaron en absoluto sus tareas (no hubo cambios dentro de la ocupación), entonces el sector industrial en Chile, Ecuador, Perú, México y Uruguay habría experimentado una disminución en el uso de tareas cognitivas no rutinarias.

Sector servicios

El gráfico 3.5 revela que en el sector servicios las tareas CP-NR (panel b) están aumentando en todos los países de América Latina y el Caribe, excepto en Chile y Uruguay, y las tareas CA-NR (panel a) están aumentando significativamente en Perú, Nicaragua y Ecuador, aumentando moderadamente en El Salvador, Brasil y Costa Rica, y disminuyendo en Colombia, Chile, Uruguay, la República Dominicana y México. El Salvador, Nicaragua y Perú se destacan con las tasas de crecimiento más altas en ambas tareas. Los paneles c y e indican que el sector servicios también se está alejando de las tareas manuales, tanto rutinarias como no rutinarias. Por último, el panel d también refleja aumentos importantes en la intensidad de las tareas CR para todos los países de América Latina y el Caribe. El aumento en el uso de tareas CR contraviene en cierto modo los resultados para los países desarrollados y la hipótesis de RBTC. De hecho, Autor, Levy y Murnane (2003) y Acemoglu y Autor (2011)

GRÁFICO 3.4 Descomposición del contenido de tareas en el sector industrial: 11 países de ALC, 2000-14

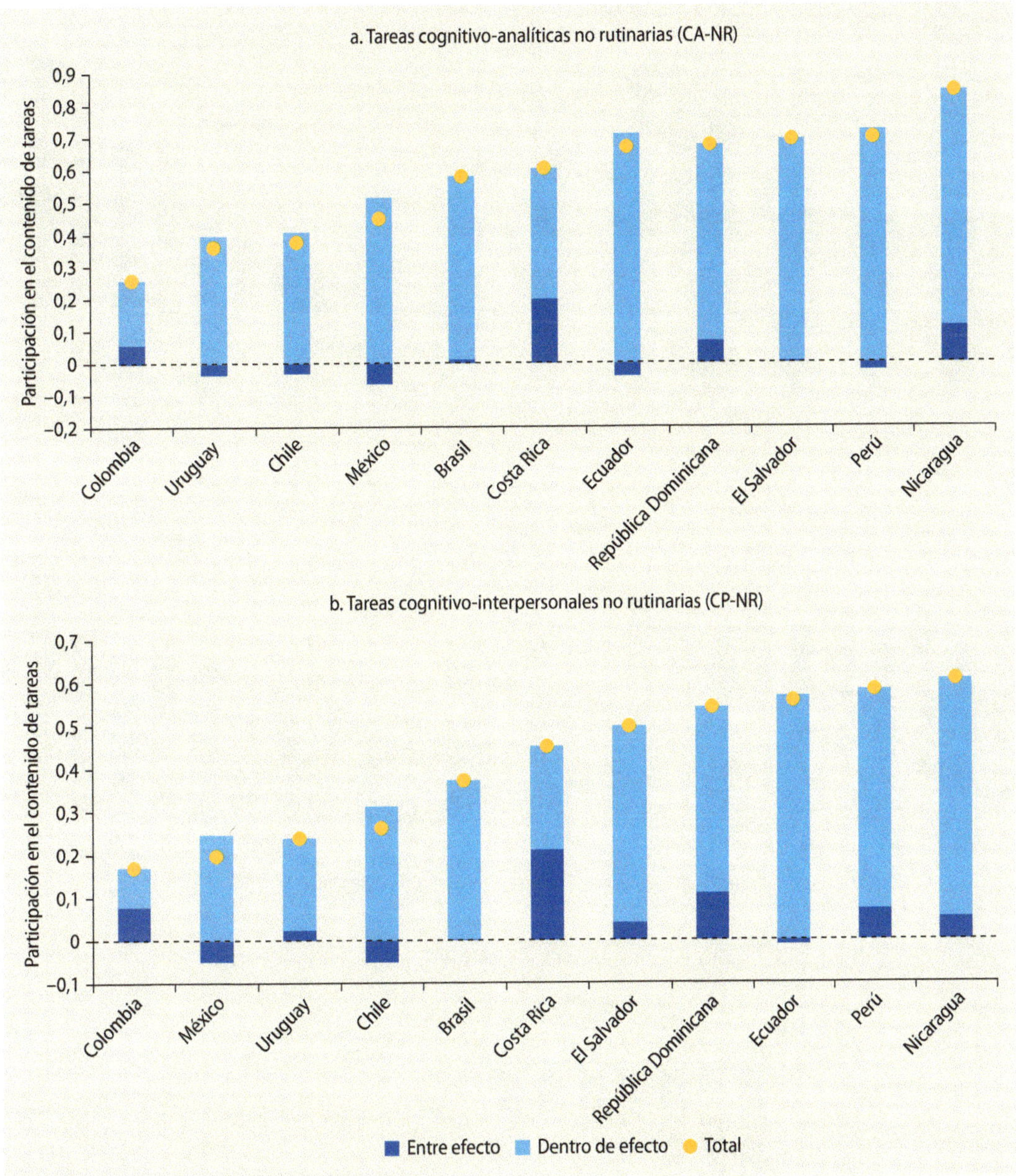

Fuente: Cálculos originales para esta publicación utilizando encuestas de hogares SEDLAC, del CEDLAS y el Banco Mundial (https://datacatalog.worldbank.org/dataset/socio-economic-database-latin-america-and-caribbean).
Nota: El gráfico muestra la descomposición de los resultados generales para el sector industrial en tres componentes: 1) entre las ocupaciones (cambios en la estructura ocupacional dentro del sector industrial), 2) dentro de las ocupaciones (cómo han cambiado las tareas en una determinada ocupación), y 3) la interacción entre estos dos.

encuentran que las ocupaciones intensivas en tareas CR (como de oficina y administración) se encuentran entre el grupo de ocupaciones que más están disminuyendo en Estados Unidos, y se ha observado un resultado similar para los países de Europa occidental (Goos *et al.*, 2014).

Por lo tanto, parece que el sector servicios en la región de América Latina y el Caribe está experimentando una

GRÁFICO 3.5 Evolución del contenido de tareas en los puestos de trabajo del sector servicios: 11 países de ALC, 2000-14

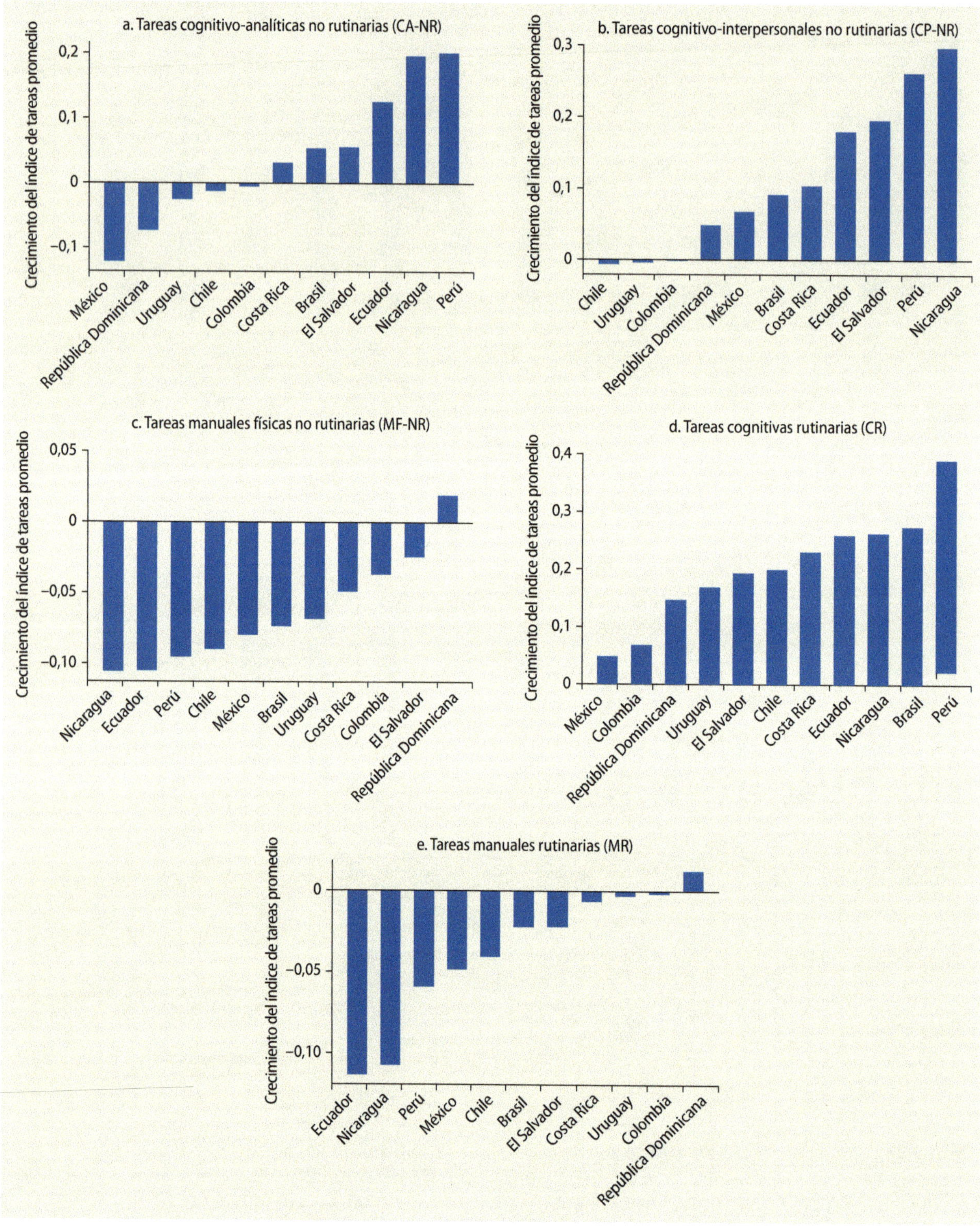

Fuente: Cálculos originales para esta publicación utilizando encuestas de hogares SEDLAC, del CEDLAS y el Banco Mundial (https://datacatalog.worldbank.org/dataset/socio-economic-database-latin-america-and-caribbean).

importante transformación en su proceso de producción, en el que las tareas manuales están siendo sustituidas por otras más cognitivas (tanto rutinarias como no rutinarias). Son evidentes los patrones de disminución de las tareas manuales, a medida que las economías se desplazan hacia tareas CR y CP-NR, reflejando posiblemente el aumento de las tareas más administrativas o de oficina, así como tareas que implican más trabajo en equipo o interacciones con clientes. Como se ha señalado anteriormente, el aumento en la intensidad de las habilidades cognitivas rutinarias contraviene en cierto modo la literatura de los países desarrollados y debería ser una señal de alarma para los responsables de la formulación de políticas. La tecnología para reemplazar a los trabajadores en estos tipos de tareas ya existe, como demuestra la relativa disminución de estas ocupaciones en el mundo desarrollado. Por lo tanto, a medida que la tecnología se disemine y llegue a las economías de América Latina y el Caribe, es muy probable que los trabajadores en este tipo de ocupaciones se enfrenten a la competencia de las máquinas y corran el riesgo de perder sus puestos de trabajo.

Conclusiones

En general, los países de la región de América Latina y el Caribe parecen estar desplazándose de las ocupaciones intensivas en tareas manuales (tanto rutinarias como no rutinarias) hacia las ocupaciones intensivas en tareas cognitivas no rutinarias (tanto analíticas como interpersonales). Los cambios de la estructura ocupacional en el conjunto de la economía y, por consiguiente, en la intensidad de las habilidades incorporadas en la economía podrían ser resultado de tres fuerzas económicas relacionadas pero distintas.

En primer lugar, como se describe en detalle en el primer capítulo de este informe, a medida que las economías de América Latina y el Caribe se desarrollan, reasignan la mano de obra en amplios sectores económicos. Si bien algunas ocupaciones aparecen en todos los sectores, en general la transformación estructural implica cambios en la estructura ocupacional de una economía. De hecho, los países de América Latina y el Caribe experimentaron una transformación estructural significativa durante el período 2000-14. En particular, tal como se ha documentado anteriormente, la mayoría de los países de la región de América Latina y el Caribe están experimentando una desindustrialización prematura, lo que implica que hay relativamente menos puestos de trabajo en el sector industrial, mientras que el empleo en el sector servicios ha aumentado drásticamente.

La segunda fuerza está relacionada con el progreso tecnológico que está cambiando la naturaleza de los procesos de producción dentro de todos los sectores de la economía. Duernecker y Herrendorf (2017) señalan que el empleo en ocupaciones de servicios (como gerentes y administrativos) crece dentro del sector productor de bienes (agricultura e industria en la clasificación de este estudio) a medida que aumenta el PIB per cápita. Esto también está relacionado con el fenómeno de la «servicificación» del sector industrial descrito en el capítulo 2. Durante el período de análisis de este estudio, los países de América Latina y el Caribe experimentaron altas tasas de crecimiento sostenidas, con un mayor PIB per cápita al final del período. Dado que las ocupaciones de servicios difieren de las ocupaciones de bienes en la intensidad de las habilidades, también debería esperarse un uso cambiante de la intensidad de las habilidades dentro de amplios sectores económicos.

En tercer lugar, la adopción de la tecnología en el lugar de trabajo cambia el conjunto de tareas que los trabajadores realizan como parte de su ocupación. Como la automatización y la robotización desempeñan las tareas más sencillas y rutinarias, los trabajadores se han adaptado, orientando su horario de trabajo hacia tareas más complejas y difíciles de automatizar. De hecho, Autor, Levy y Murnane (2003) y Spitz-Oener (2006) observaron que, ante la introducción de las tecnologías de la automatización, los trabajadores adaptaron su trabajo a tareas que son complementarias de aquellas que realizan las máquinas.

Perspectivas de futuro: automatización, tareas y habilidades

Desde el artículo seminal de Frey y Osborne (2017), que afirma que el 47 % de los puestos de trabajo en Estados Unidos corrían el riesgo de desaparecer por la automatización, una serie de informes y libros ha avivado los temores de un «desempleo tecnológico» masivo. Esta preocupación no es nueva; se remonta a los inicios de la Primera Revolución Industrial y ha revivido con el tiempo a medida que potentes innovaciones tecnológicas han revolucionado la forma en que se producen bienes y servicios en una economía.

Esta sección comienza presentando las ideas generales sobre el impacto de la automatización en los puestos de trabajo. ¿Cuáles son las preocupaciones expresadas por los tecnopesimistas que afirman que las nuevas tecnologías de la Cuarta Revolución Industrial (como la IA, el aprendizaje automático, la internet de las cosas, la fabricación aditiva y la impresión en 3D) difieren de cualquier innovación tecnológica anterior? ¿Cuáles son los posibles impactos de equilibrio general de introducir nuevas tecnologías en una economía? ¿Cuál será el efecto más importante?

Posteriormente, se examina cómo medir el impacto potencial de la automatización en el número total de puestos de trabajo, y se sigue con estimaciones de las pérdidas de puestos de trabajo debidas a la automatización, basadas en diferentes metodologías y fuentes de datos para 16 países de América Latina y el Caribe.

Automatización y puestos de trabajo: una historia de terror a las máquinas

El miedo al desempleo tecnológico en masa ha existido durante siglos. Cuando el clérigo William Lee solicitó una patente real para una máquina de tejer en 1589, la reina Isabel I de Inglaterra señaló: «Considere lo que semejante invención haría con mis pobres súbditos. Seguramente les causaría la ruina, al privarles de trabajo» (McKinley, 1958). De manera similar, la dinastía Qing de China se resistió a la construcción de ferrocarriles porque le preocupaba el potencial impacto en los puestos de trabajo de transporte de equipajes (Zeng, 1973). El caso más conocido es posiblemente el movimiento ludita, que saboteó nuevas máquinas textiles para defender los puestos de trabajo en Inglaterra.

Sin embargo, la historia económica ha demostrado que este miedo es infundado. En repetidas ocasiones, las innovaciones tecnológicas han generado grandes ganancias de productividad que mejoraron las condiciones de vida y crearon más puestos de trabajo que los que destruyeron. Es cierto que algunos trabajos desaparecieron: las máquinas reemplazaron a muchos trabajadores calificados y no calificados con el tiempo. Sin embargo, también con el tiempo se han creado nuevos trabajos, algunos relacionados con las nuevas tecnologías y muchos no relacionados. Como resultado, actualmente una mayor proporción de una población mucho más numerosa está empleada. Por lo tanto, la historia nos enseña que las innovaciones tecnológicas siempre han creado más empleos que los que han destruido.

Los tecnopesimistas modernos son conscientes de las lecciones de la historia, pero afirman que esta vez es diferente. En general, aquellos que temen un futuro sin empleos señalan los avances tecnológicos cada vez más rápidos impulsados por la digitalización (y, por lo tanto, la disponibilidad de la inteligencia de datos) y la naturaleza exponencial de la potencia computacional[7]. Al principio, los avances de la automatización se limitaban a tareas rutinarias y repetitivas que seguían reglas ordinarias que podían codificarse (Autor, Levy y Murnane, 2003). Como se ha señalado anteriormente, esto explica la relativa disminución de los puestos de trabajo intensivos en tareas MR (sobre todo en la manufactura) y tareas CR (por ejemplo, administrativos y contables). Sin embargo, los recientes avances en la robótica y la

IA amenazan con transcender más allá de las tareas rutinarias, invadiendo un conjunto de tareas que se pensaba del dominio exclusivo de los humanos. En 2003, Autor, Levy y Murnane supusieron que los puestos de trabajo asociados a la conducción de vehículos estaban relativamente a salvo de la automatización porque requerían un procesamiento de datos demasiado complejo, destreza física, conciencia situacional e improvisación. Actualmente, los vehículos autónomos sin conductor han recorrido miles de kilómetros en autopistas y calles de ciudades con gran éxito. Mientras tanto, Watson de IBM ha vencido al campeón de *Jeopardy!* —el concurso de televisión estadounidense— y puede identificar tumores con más precisión que los humanos (Brynjolfsson y McAfee, 2014). Las máquinas desempeñan búsquedas legales y escriben pequeños artículos periodísticos con éxito. Los tecnopesimistas sostienen que esta nueva ola de innovación tecnológica está invadiendo un conjunto completamente nuevo de tareas: tareas no rutinarias, cognitivas y manuales. Por lo tanto, las máquinas podrían reemplazar eventualmente (el plazo no está claro) a los humanos en muchas, si no en todas, las tareas de la economía.

Automatización y puestos de trabajo: efectos del equilibrio general

Tal vez la mejor manera de comprender el impacto total de la introducción de nuevas tecnologías es considerar las tres preguntas que Daniel y Richard Susskind (2015) plantean en su libro sobre el futuro de las profesiones:

1. ¿Cuál es la nueva cantidad de tareas que deben llevarse a cabo?
2. ¿Cuál es la naturaleza de estas tareas?
3. ¿Quién tiene ventaja para llevar a cabo estas tareas?

La primera pregunta se refiere a considerar todos los efectos producidos al introducir una nueva tecnología que ahorre mano de obra en la economía. Aunque a primera vista puede parecer que estas tecnologías solo pueden destruir puestos de trabajo al reemplazar a los humanos, un análisis detenido de los efectos sobre el equilibrio general podría indicar lo contrario. La visión simplista es que las máquinas solo reemplazan a los trabajadores que realizan tareas rutinarias. Se basa en la idea de que hay un número fijo de tareas en una economía —la llamada falacia de la carga fija de trabajo— y, a medida que las máquinas realizan cada vez más de estas tareas, sucede a expensas de los trabajadores humanos, para los que quedan menos tareas. Sin embargo, la historia nos ha enseñado una lección muy importante: el número de tareas en una economía no es fijo y, de hecho, el número total de tareas ha aumentado con el tiempo. ¿Por qué? Se deben considerar varios efectos.

Si una empresa introduce una nueva tecnología para reemplazar a los trabajadores, generalmente aumentará su productividad. En mercados competitivos, esta mayor productividad daría como resultado costos marginales más bajos y, por lo tanto, precios más bajos. A su vez, los precios más bajos implican una mayor demanda de dicho producto o servicio. Cuánto aumente la demanda depende de la elasticidad-precio específica de dicho producto o servicio[8]. Si la demanda de un producto específico es elástica, puede conducir a un aumento en el nivel de producción (es decir, el número de tareas por realizar) y, por lo tanto, podría generar más empleos en dicha empresa o industria (véase el cuadro 3.2 para algunos ejemplos).

Otro efecto importante para tener en cuenta es que el aumento de la productividad y el aumento potencial de la producción resultante de una mayor demanda en la industria original aumentan la demanda de todas las industrias conectadas a la original, tanto aguas arriba como aguas abajo. Por lo tanto, se crearán nuevas tareas en las industrias que proveen a la industria original, así como en las industrias que pueden utilizar los productos o servicios como insumos para su propia producción. Un ejemplo de ello podrían ser las industrias de transporte y logística, que observarían una mayor

CUADRO 3.2 Cuando la automatización crea puestos de trabajo

La historia ha sido testigo de varios ejemplos de innovaciones tecnológicas que automatizaron las tareas de producción en una industria y condujeron a un mayor empleo en la misma industria. Durante la Primera Revolución Industrial, la introducción de nueva maquinaria en la industria textil condujo a la automatización de aproximadamente el 98 % de la mano de obra necesaria para tejer una yarda de tela. Sin embargo, el número de puestos de trabajos de confección en realidad aumentó (Bessen, 2016). Mientras tanto, el aumento de la productividad fue tan significativo que el precio del tejido disminuyó notablemente. Esto, sumado a la demanda altamente elástica de prendas de vestir, se tradujo en un crecimiento neto de los puestos de trabajo en la industria textil, a pesar de la automatización de la mayoría de las tareas de producción.

Una historia similar puede ser contada sobre los cajeros bancarios después de la introducción de cajeros automáticos (ATM) en Estados Unidos. El ATM realizó muchas de las tareas desarrolladas por los cajeros bancarios, como la gestión del efectivo y operaciones bancarias más sencillas. Como se detalla en el estudio de caso de Bessen (2016, 6), «el número de cajeros bancarios equivalentes a tiempo completo ha aumentado desde que los ATM empezaron a utilizarse ampliamente al final de la década de 1990 y principios de 2000. De hecho, desde 2000, el número de cajeros bancarios equivalentes a tiempo completo ha aumentado un 2 % por año, con mucha más rapidez que toda la fuerza laboral. ¿Por qué no cayó el empleo? Porque el ATM permitió a los bancos operar sucursales con un costo menor; esto llevó a abrir muchas más sucursales (su demanda era elástica), compensando la pérdida de puestos de trabajo de los empleados».

Hay muchos otros ejemplos. El número del personal de caja en el comercio minorista ha aumentado desde que los escáneres de códigos de barras se implementaron ampliamente durante la década de 1980, a pesar de que los escáneres redujeron los tiempos para pagar en un 18-19 % (Basker, 2015). El *software* de descubrimiento de documentos electrónicos para procedimientos legales sustituye claramente el trabajo de los asistentes jurídicos y, sin embargo, a pesar de que se ha convertido en una industria de miles de millones de dólares, el número de asistentes jurídicos ha crecido con contundencia.

demanda de sus servicios (más tareas para realizar) debido al aumento de la producción en la industria original.

Los efectos potenciales ni siquiera se limitan a la industria donde se introdujo la innovación. El aumento de la productividad resultante de la adopción de nuevas tecnologías conduciría a aumentos en los ingresos de la economía. Estos aumentos podrían conducir a su vez a un aumento en la demanda de bienes y servicios que no tienen relación alguna con la industria original. Por ejemplo, a lo largo de la historia, los aumentos en la productividad de la agricultura y la manufactura han llevado a una mayor demanda de servicios de hostelería, como restaurantes y hoteles, así como actividades de ocio y entretenimiento. Por lo tanto, un aumento en la productividad de una industria puede conducir a la creación de nuevas tareas en un área completamente diferente de la economía.

Por último, la aparición de nuevas tecnologías, particularmente las de uso general[9], tiende a crear nuevos puestos de trabajo y tareas que ni siquiera existen en la actualidad. A principios de 1900, el 41 % de la fuerza laboral de Estados Unidos trabajaba en la agricultura. Cien años después (y varias innovaciones más tarde), el empleo en la agricultura es inferior al 2 %, y el empleo en la atención médica, las finanzas, el ocio y el entretenimiento (en gran parte en ocupaciones que no existían hace 100 años) supera con creces el número de trabajadores en la agricultura (Autor, 2015). Un ejemplo más actual es la internet. Esta innovación no solo ha revolucionado el acceso a la información, sino que también ha creado industrias y puestos de trabajo completamente nuevos que no existían hace 30 años, como los optimizadores de motores de búsqueda[10] o los administradores de redes sociales. Por definición, estos efectos son difíciles de medir y prever, pero la historia nos enseña que las nuevas tecnologías generalmente conducen a nuevas ocupaciones y tareas que ni siquiera se pueden imaginar hoy en día.

Un aspecto importante y relevante para las naciones en desarrollo es que la automatización en las naciones desarrolladas puede tener efectos indirectos; es decir, las empresas en las naciones desarrolladas adoptan tecnologías de automatización que les permiten *relocalizar* (lo contrario a externalizar) su producción. Por lo tanto, las naciones en desarrollo podrían sufrir pérdidas de puestos de trabajo, o puede que los trabajos nunca lleguen a emerger en la economía porque las naciones avanzadas están relocalizando la producción al adoptar tecnologías que ahorran mano de obra.

Aunque la evidencia sobre este tema es escasa, Artuc, Christiaensen y Winkler (2019) han investigado los impactos de la exposición a la automatización estadounidense en el mercado laboral de México. Los autores observan que la relación entre el empleo en el sector transable y la población no se ve afectada por la exposición a la automatización de Estados Unidos o por la disminución de las exportaciones causadas por la automatización de Estados Unidos. Sin embargo, el efecto promedio oculta los efectos diferenciales observados en diferentes mercados laborales locales. Por un lado, las áreas que inicialmente tenían una participación relativamente más alta de puestos de trabajo que eran susceptibles a ser sustituidos por la automatización en el sector manufacturero experimentaron una disminución en la relación empleo manufacturero-población. Por otro lado, las áreas en las que la fracción de puestos de trabajo susceptibles a ser automatizados era baja experimentaron un aumento en la relación empleo manufacturero-población.

Automatización y empleos: ¿humanos contra máquinas o humanos trabajando con máquinas?

En la sección anterior se estableció que el número de tareas en una economía no es fijo y que la adopción de nuevas tecnologías puede, de hecho, generar más tareas. Sin embargo, para evaluar si esto implica más oportunidades de empleo para los humanos, es necesario pasar a las preguntas 2 y 3 mencionadas anteriormente:

2. ¿Cuál es la naturaleza de estas tareas?
3. ¿Quién tiene ventaja para llevar a cabo estas tareas (humanos o máquinas)?

Es importante considerar no solo el número total de tareas creadas, sino también si los humanos tienen ventaja para realizar estas tareas (creando así más empleo) o si el desempeño de las máquinas en estas tareas es mejor (por lo tanto, no creando más empleo para los humanos).

Un ejemplo sencillo ilustra esta cuestión con mayor claridad. En una industria en la que los trabajadores desempeñan dos tareas, A y B, se introduce una nueva tecnología que puede automatizar completamente la tarea A. El aumento de la productividad que genera la adopción de la tecnología de automatización conduce a una caída en el precio del bien (o servicio) producido, y la demanda es elástica, de modo que la demanda del bien aumenta en general. Este aumento conducirá a su vez a un aumento en el número de tareas B utilizadas como insumos. En la medida en que las tareas B sean aquellas en las que los humanos tienen una ventaja comparativa relativa, esta ventaja podría llevar a que los humanos desempeñen más tareas. Sin embargo, si la tarea B también es susceptible a la automatización, incluso si la demanda de tales tareas aumenta, no generará más empleo para los humanos.

Por lo tanto, para comprender el impacto total de la automatización en el empleo, es importante considerar las tres preguntas juntas. No solo es importante tener en cuenta todos los posibles efectos de equilibrio general que pueden dar lugar a la creación de más tareas en una economía, sino que es igualmente importante evaluar si las nuevas tareas que se crean son aquellas en las que los humanos tienen una ventaja comparativa, o si las máquinas también pueden reemplazar a los trabajadores al desempeñarlas. Como se detalla en los modelos que explican la polarización del mercado laboral, la introducción de tecnologías que automatizan ciertas tareas, principalmente las tareas rutinarias de producción, aumenta el valor de las tareas complementarias, generalmente tareas no rutinarias. Siempre que los humanos conserven la ventaja comparativa en el desempeño de estas tareas complementarias, la automatización puede generar nuevos trabajos, aumentando el nivel de empleo total.

Es importante señalar aquí que los puestos de trabajo y las ocupaciones generalmente no consisten en una sola tarea. En realidad, los trabajadores realizan un surtido de tareas —un conjunto de tareas— y, por lo tanto, las máquinas generalmente no reemplazan todo un puesto de trabajo u ocupación, sino un subconjunto de tareas, lo que permite a los trabajadores desarrollar otros conjuntos de tareas. La siguiente sección vuelve a tratar esta cuestión con más detalle, analizando la susceptibilidad de los trabajos a la automatización y cómo se mide el riesgo de automatización en la literatura.

Por último, aunque el resultado puede ser una economía que al final termina con más tareas por realizar y muchas de estas nuevas tareas serán desarrolladas por humanos, es probable que haya costos de ajuste significativos. A medida que las máquinas se vuelven más potentes, hábiles y capaces, el subconjunto de tareas en las que los humanos conservan una ventaja puede reducirse con el tiempo. La evidencia indica que estas tareas requerirán más habilidades cognitivas, analíticas, creativas e interpersonales. Por lo tanto, los responsables de formular políticas deben considerar la urgencia de inculcar en la fuerza laboral del futuro estas habilidades de orden superior. Las implicancias de política se discuten al final de este capítulo, pero primero la siguiente sección analiza cómo la literatura académica ha asumido el desafío de medir cuántos puestos de trabajo están en riesgo de desaparecer debido a la automatización.

Cómo medir el riesgo de automatización: enfoque basado en ocupaciones versus enfoque basado tareas

Aunque el miedo al desempleo tecnológico en masa no es nuevo y en realidad se remontan a siglos atrás, la investigación de Frey y Osborne (2017) avivó nuevos temores. En su artículo, afirmaron que hasta el 47 % de los puestos de trabajo en Estados Unidos corrían el riesgo de ser automatizados. Desde entonces, una serie de informes que utilizan diferentes enfoques y datos han producido una amplia gama de estimaciones. Pero ¿por qué difieren tanto estas estimaciones?

Fundamentalmente, hay dos enfoques generales para medir el riesgo de automatización en las ocupaciones. El primero, el enfoque basado en ocupaciones, fue desarrollado por Frey y Osborne (2017). Investigaciones posteriores han criticado su enfoque, reconociendo que las ocupaciones no consisten en una sola tarea, sino en un conjunto de tareas. Por lo tanto, aunque un subconjunto de tareas dentro de una ocupación puede ser automatizado, esto no implica que toda la ocupación se automatizará o que el trabajo desaparecerá por completo. El segundo enfoque, desarrollado por Arntz, Gregory y Zierahn (2016) y denominado enfoque basado en tareas, ha producido estimaciones de los riesgos de automatización, que son significativamente menores (el 9 % para Estados Unidos). Esta sección describe brevemente cada enfoque.

Enfoque basado en ocupaciones

Frey y Osborne (2017) basaron su análisis en la versión 2010 de la base de datos O* NET (cuadro 3.1). Esta base de datos describe el contenido de tareas de 903 ocupaciones en Estados Unidos. En concreto, Frey y Osborne llevaron a cabo los siguientes pasos:

- Proporcionaron información sobre descriptores orientados al trabajo (como características del trabajador, requisitos del trabajador y requisitos de experiencia) y descriptores orientados al puesto de trabajo (como requisitos ocupacionales, características de la mano de obra e información específica de la ocupación) que tienen en cuenta las tareas.

- Pidieron a expertos e investigadores de las tecnologías de la automatización (como el aprendizaje automático y la robótica móvil) que clasificaran estas ocupaciones como automatizables o no automatizables en función de sus estructuras de tareas[11].
- De estas, solo se seleccionaron 70 ocupaciones, en cuya rotulación los expertos mostraron plena confianza.
- Proyectaron la automatibilidad para el resto de las ocupaciones al examinar si la clasificación de los expertos estaba sistemáticamente correlacionada con nueve atributos objetivos de ocupaciones, que están relacionados con los cuellos de botella de ingeniería identificados (por ejemplo, destreza manual, originalidad y percepción social).
- Aplicaron una serie de modelos probabilísticos para examinar la robustez de estos atributos relacionados con los cuellos de botella al predecir el riesgo de automatización de una ocupación
- Aplicaron estas probabilidades estimadas a las ocupaciones que no fueron evaluadas con confianza por los expertos.
- Dividieron las ocupaciones en tres categorías: bajo riesgo de automatización (menos del 30 %), riesgo medio (30-70 %) y alto riesgo (más del 70 %).

Al combinar esta información con el número de personas empleadas en cada ocupación en Estados Unidos, Frey y Osborne (2017) llegaron a la estimación de que el 47 % de los trabajos corrían un alto riesgo de ser automatizados, lo que significa, en sus palabras, que «las ocupaciones asociadas son potencialmente automatizables en el curso de un número no especificado de años, tal vez en una década o dos». Curiosamente, descubrieron que el riesgo de automatización era mayor para los trabajadores poco calificados y para las ocupaciones de salarios bajos.

La principal crítica de este enfoque es que se centra en las ocupaciones más que en las tareas desarrolladas dentro de una ocupación. Como se ha indicado, las ocupaciones no consisten en una sola tarea, sino más bien en un conjunto de tareas, y son las tareas las que están en riesgo de ser automatizadas, no las ocupaciones. Además, Frey y Osborne (2017) asumieron implícitamente que todos los trabajadores dentro de una ocupación desempeñan el mismo conjunto de tareas. Emplear información a nivel trabajador sobre las tareas realizadas en una ocupación revela que las estructuras de tareas de un trabajador difieren notablemente dentro de las ocupaciones (Autor y Handel, 2013).

Enfoque basado en tareas

El enfoque alternativo de Arntz, Gregory y Zierahn (2016) para medir las pérdidas de trabajo derivadas de la automatización «se basa en la idea de que la automatización de los puestos de trabajo depende en última instancia de las tareas que realizan los trabajadores para estos puestos, y de la facilidad con que estas tareas pueden ser automatizadas». Arntz, Gregory y Zierahn (2016) utilizaron datos de PIAAC a nivel individuo, que contienen indicadores sobre características demográficas, habilidades, características del trabajo y tareas y competencias del trabajo. Mediante el uso de datos a nivel individuo, los autores pudieron incorporar posibles diferencias en la estructura de tareas de los trabajadores dentro de una ocupación.

Los autores estimaron la relación entre las tareas de los trabajadores y el riesgo de automatización al emparejar el indicador de automatibilidad de Frey y Osborne (2017) con las observaciones de Estados Unidos en la base de datos de PIAAC basándose en los códigos ocupacionales. Un inconveniente importante de este enfoque es que solo los códigos CIUO de dos dígitos están disponibles en la base de datos de PIAAC y, por lo tanto, surge un problema de asignación al emparejar las ocupaciones con los códigos de seis dígitos de SOC. Por lo tanto, los autores siguieron un algoritmo iterativo que asignó a cada individuo en el conjunto de datos la automatibilidad con la mayor probabilidad basada en este método.

Este enfoque es menos restrictivo que el enfoque basado en ocupaciones porque permite que existan diferencias entre las estructuras de tareas dentro de las ocupaciones y se enfoca específicamente en trabajos individuales. Además, la atención se centra en qué tareas tienen un alto riesgo de automatización. Arntz, Gregory y Zierahn (2016) observaron que la automatibilidad de los puestos de trabajo es menor en trabajos con elevados requisitos educativos o trabajos que requieren cooperación con otros empleados o en los que las personas pasan más tiempo influenciando a otras. En el otro extremo, las tareas de alto riesgo son aquellas relacionadas con el intercambio de información, la venta o el uso de dedos y manos. Estos resultados son más acordes con la literatura sobre tareas: las tareas rutinarias son susceptibles a la automatización, mientras que las tareas relacionadas con la interacción social o las tareas cognitivas tienen menos probabilidades de ser automatizadas (Acemoglu y Autor, 2011; Autor y Handel, 2013).

En general, el enfoque basado en tareas produce estimaciones muy inferiores a las presentadas por Frey y Osborne (2017). Por ejemplo, aunque Frey y Osborne señalan que el 47 % de los puestos de trabajo en Estados Unidos tienen un alto riesgo de ser automatizados, Arntz, Gregory y Zierahn (2016) concluyen que solo el 9 % tiene una alta probabilidad (más del 70 %) de ser automatizado. Para países de la OCDE, encuentran que solo el 9 % de los trabajos tienen un alto riesgo de automatización.

Cómo medir el riesgo de automatización: críticas

Estos enfoques están sujetos a varias críticas. En primer lugar, ambos enfoques para medir el riesgo de automatización se basan en la viabilidad técnica de la automatización y no consideran la conveniencia económica de adoptar estas tecnologías. Por lo tanto, aunque ciertas tareas u ocupaciones puedan estar técnicamente en riesgo de ser automatizadas, esos resultados no deben equipararse con la pérdida de empleo. La adopción de estas tecnologías dependerá de los precios relativos de los factores capital y trabajo. De hecho, ambos enfoques sugieren que las ocupaciones poco calificadas y de salarios bajos están técnicamente en mayor riesgo de ser automatizadas (principalmente porque realizan tareas más rutinarias). Sin embargo, por tratarse de ocupaciones con salarios bajos, el precio del capital tendrá que caer más para hacerlas económicamente atractivas.

En segundo lugar, apenas se considera la velocidad de adopción de estas tecnologías. Esto es particularmente relevante para los países en desarrollo. La adopción de nuevas tecnologías generalmente requiere un amplio conjunto de complementariedades, como el capital físico y humano. En una publicación reciente —*The Innovation Paradox: Developing-Country Capabilities and the Unrealized Promise of Technological Catch-up*—, Cirera y Maloney (2017, 2) afirman que, «si una empresa (país) invierte en innovación, pero no puede importar la maquinaria necesaria, contratar trabajadores e ingenieros capacitados o recurrir a nuevas técnicas de organización, los rendimientos de dicha inversión serán bajos. A su vez, las condiciones subyacentes que impiden la acumulación de cualquiera de estos tipos de capital —como el costo de hacer negocios, el régimen de comercio, el marco de competitividad o los mercados de capital, así como los que se consideran particulares de la innovación, como la protección de los derechos de propiedad intelectual o las deficiencias del mercado que desincentivan la acumulación de conocimiento— afectan a los beneficios y, por lo tanto, al volumen de inversión en innovación».

Otros factores para considerar son los obstáculos legales o las restricciones éticas que impiden o retrasan la adopción de nuevas tecnologías. El ejemplo canónico es el de los vehículos sin conductor, que están enfrentando desafíos legales sobre la responsabilidad en caso de accidentes (Bonnecfon, Shariff y Rahwan, 2016; Thierer y Hageman, 2015). Además, en ciertas empresas las preferencias pueden estar sesgadas hacia la provisión de servicios por parte de humanos en lugar de robots. Por ejemplo, es posible que los consumidores accedan a hacer sus pedidos en restaurantes de comida rápida a través de ordenadores o robots, pero no está claro si aceptarían dichas innovaciones en restaurantes de lujo. Del mismo modo, las preferencias pueden estar sesgadas hacia la provisión de servicios por parte de humanos en atención médica, enfermería y cuidado de personas mayores, por ejemplo.

Además, el conjunto de tareas que desempeñan los trabajadores no es fija en el tiempo, incluso dentro de las ocupaciones. Por ejemplo, Autor, Levy y Murnane (2003) y Spitz-Oener (2006) observaron que, ante la introducción de las tecnologías de la automatización, los trabajadores adaptaron su trabajo a tareas que eran complementarias a las máquinas. Por lo tanto, es probable que los trabajadores cambien y se adapten a las nuevas tecnologías para evitar el desempleo.

Por último, ambos enfoques están diseñados para medir el riesgo de automatización por ocupaciones o tareas, pero generalmente no consideran todos los efectos del equilibrio general descritos anteriormente. Ninguno de los enfoques considera la posibilidad de que el aumento de la productividad se traduzca en una mayor demanda en diferentes áreas de la economía, o que estas innovaciones tecnológicas puedan crear un conjunto completamente nuevo de ocupaciones y tareas que no existen en la actualidad.

Ahora que se han hecho las aclaraciones necesarias relacionadas con este tipo de análisis, la siguiente sección describe los resultados de esta investigación sobre los riesgos de automatización en las economías de América Latina y el Caribe.

Cómo medir el riesgo de automatización: la experiencia de América Latina y el Caribe

¿Cuál es el porcentaje de puestos de trabajo en riesgo de automatización en las economías de América Latina y el Caribe? Las estimaciones presentadas aquí para Bolivia, Chile y Colombia, y posteriormente para todos los países de América Latina y el Caribe, se basan en los dos enfoques descritos previamente: el enfoque basado en ocupaciones de Frey y Osborne (2017) y el enfoque basado en tareas de Arntz, Gregory y Zierahn (2016), utilizando la base de datos de PIAAC para Chile. Las estimaciones también se basan en información de las encuestas de STEP para Bolivia y Colombia, que contienen información a nivel trabajador sobre las tareas que se realizan en los puestos de trabajo. Aquí se sigue un enfoque similar al de Arntz, Gregory y Zierahn (2016) con algunos ajustes necesarios porque las bases de datos no son estrictamente comparables con PIAAC.

Dado que no hay información disponible para el resto de los países de la región de América Latina y el Caribe, las estimaciones para estos países se obtienen al imputar los resultados del análisis de Bolivia, Chile y Colombia. En concreto, para cada país con datos a nivel trabajador y a nivel tarea, se determina el porcentaje de trabajadores dentro de una ocupación que están en mayor riesgo de automatización (es decir, más del 70 %). Ese número se aplica luego a los demás países usando sus encuestas sobre labores domésticas. Aunque sea algo limitado, el análisis proporciona un rango de estimaciones para cada país en función de las metodologías y las fuentes de datos disponibles. Al imputar los resultados de un país diferente, la única fuente de diferencias entre países surge de sus distintas estructuras ocupacionales.

A continuación, se presentan los resultados de los tres países —Chile, Colombia y Bolivia— para los cuales se dispone de datos a nivel trabajador y a nivel tarea. Las estimaciones de Chile se basan en la base de datos de PIAAC de la OCDE, y las de Colombia y Bolivia se basan en las encuestas de STEP del Banco Mundial. Aunque el propósito de las encuestas es similar —identificar las tareas y habilidades requeridas en el lugar de trabajo—, existen algunas diferencias importantes en la formulación de las preguntas y en las respuestas específicas disponibles.

Por lo tanto, los resultados no son estrictamente comparables entre países.

Resultados de Chile

Los resultados de Chile, basados en los datos disponibles de la encuesta PIACC producida por la OCDE y siguiendo de cerca el enfoque basado en tareas desarrollado por Arntz, Gregory y Zierahn (2016), se corresponden con los resultados encontrados para los países de la OCDE. Además, el riesgo de automatización por ocupación calculado por Frey y Osborne (2017) se imputa y aplica a los datos de Chile. El hecho de que en Arntz, Gregory y Zierahn (2016) los datos de PIAAC tienen un nivel de agregación de dos dígitos para describir las ocupaciones, mientras que los datos de Frey y Osborne se desglosan en seis dígitos, presentó un problema de asignación. Para resolver el problema, el equipo de investigación siguió el enfoque de Arntz, Gregory y Zierahn (2016), usando un algoritmo para asignar el nivel de riesgo más probable dadas las características del trabajador y el puesto de trabajo.

Una comparación de los enfoques basados en tareas y ocupaciones revela perfiles de riesgo muy diferentes entre los puestos de trabajo y las ocupaciones. Lo más sorprendente es que el rango del riesgo de automatización es más alto cuando se imputa el número de riesgo de Frey y Osborne (2017), 46 %, y el más bajo cuando se aplica el enfoque basado en tareas, 6,5 %.

De acuerdo con estudios anteriores, los resultados del estudio indican que la metodología de Frey y Osborne (2017) genera una distribución bipolar del riesgo de automatización con picos próximos a los extremos (véase del gráfico 3.6). En otras palabras, el enfoque basado en ocupaciones sugiere que un número significativo de puestos de trabajo tienen un riesgo muy bajo (menos del 30 %) de automatización y un alto número de trabajadores tienen un alto riesgo (más del 70 %). La distribución es relativamente plana y baja para puestos de trabajo en la categoría de riesgo medio (30-70 %).

GRÁFICO 3.6 **Distribución de la automatibilidad entre distintas metodologías, Chile**

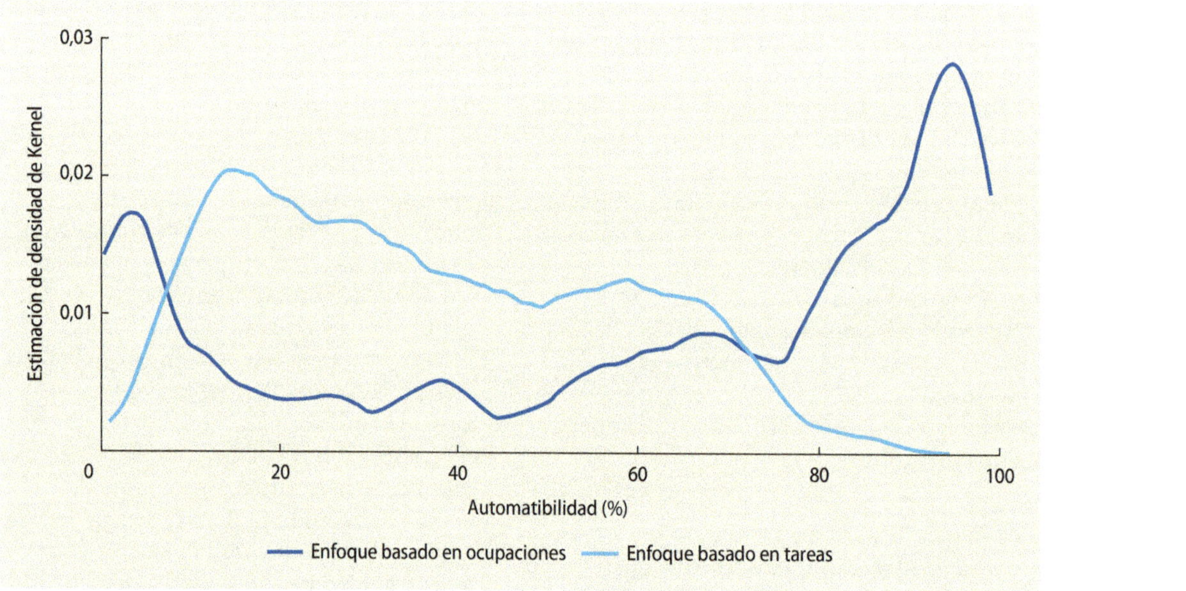

Fuente: Cálculos originales para esta publicación utilizando valores de Frey y Osborne (2017) y datos de PIAAC, de la OCDE (https://www.oecd.org/skills/piaac/), para Chile.
Nota: En el enfoque basado en ocupaciones, los valores de Frey y Osborne se aplican a las ocupaciones de CIUO en los datos de PIAAC para Chile, utilizando ponderaciones idénticas para cada ocupación de SOC de seis dígitos dentro de la ocupación correspondiente de CIUO de dos dígitos.

Por el contrario, el enfoque basado en tareas produce una distribución más suavizada con un pico en el extremo inferior del espectro de riesgo, lo que sugiere que muchos puestos de trabajo están relativamente a salvo de la automatización. Aunque estas estimaciones sugieren que pocos puestos de trabajo tienen un alto riesgo de ser automatizados (menos del 7 %), hay una cantidad significativa de puestos de trabajo en la categoría de riesgo medio. Los trabajadores en este tipo de puestos de trabajo generalmente realizan un conjunto de tareas, algunas de las cuales corren el riesgo de ser automatizadas, mientras que otras tareas se consideran seguras. Por lo tanto, aunque estos puestos de trabajo no están en riesgo inminente de desaparición, es probable que se transformen significativamente a medida que las tecnologías de la automatización se vuelven más potentes. Por consiguiente, los trabajadores se verán obligados a adaptarse a un lugar de trabajo con tecnología que sustituirá algunas de sus tareas y necesitarán ser flexibles para realizar tareas complementarias al trabajo de las máquinas.

Resultados de Colombia

Los resultados de Colombia se basan en datos a nivel trabajador de las encuestas de STEP producidas por el Banco Mundial. Aunque estas encuestas tienen el mismo propósito que las encuestas de PIAAC, existen algunas diferencias significativas en las preguntas específicas que se incluyen y en el formato de las respuestas disponibles. Por lo tanto, la metodología basada en tareas de Arntz, Gregory y Zierahn (2016) tuvo que ser adaptada al formato específico de las encuestas de STEP[12].

El enfoque basado en ocupaciones genera una distribución similar a la de Chile y Bolivia: una distribución bipolar, cuya masa está concentrada en las categorías de bajo y alto riesgo, con poca masa en la categoría de riesgo medio. Para Colombia, una masa más pequeña de empleo se concentra en la categoría de bajo riesgo, con relación a Chile y Bolivia. Según esta metodología, el 48 % de los puestos de trabajo corren el riesgo de ser automatizados.

Los resultados de Colombia utilizando el enfoque basado en tareas son muy diferentes de los de Chile y Bolivia. En particular, el enfoque basado en ocupaciones y el enfoque basado en tareas arrojan resultados más cercanos. Si bien esta conclusión no se refleja en el porcentaje de puestos de trabajo de alto riesgo —la imputación de Frey y Osborne (2017) sugiere que el 48 % de los empleos son de alto riesgo, mientras que el enfoque por tareas apunta a aproximadamente la mitad, el 24,6 %—, los perfiles de distribución del riesgo no son tan dispares como en el caso de Chile (véase el gráfico 3.7).

El enfoque basado en tareas utilizando datos de STEP genera una distribución con un pico cercano (pero inferior) al punto de corte del 70 %. Por lo tanto, esto sugiere que una gran masa de trabajadores se ubica en ocupaciones en las que un número significativo de las tareas que realizan están en riesgo por automatización. Los resultados son algo preocupantes porque la introducción de nuevas tecnologías requerirá que los trabajadores adquieran la flexibilidad para adaptarse con éxito y realizar las tareas más complejas que son complementarias a las máquinas. Como se señala más adelante en este capítulo, sería aconsejable que las autoridades gestionaran estos riesgos invirtiendo en programas de educación y capacitación en el puesto de trabajo, que puedan ayudar a los trabajadores a adaptarse a las nuevas tecnologías y los cambios significativos que puedan introducirse en sus ocupaciones.

Resultados de Bolivia

Los resultados de Bolivia se basan en datos a nivel trabajador de las encuestas de STEP producidas por el Banco Mundial. Aunque estas encuestas tienen el mismo propósito que las encuestas de PIAAC, existen algunas diferencias significativas en las preguntas específicas que se incluyen y en el formato de las respuestas disponibles. Por lo tanto, la metodología basada en tareas de Arntz, Gregory y Zierahn (2016) tuvo que ser adaptada al formato específico de las encuestas de STEP[13]. Los resultados, sin embargo, son comparables entre Colombia y Bolivia.

GRÁFICO 3.7 Distribución de la automatibilidad entre distintas metodologías, Colombia

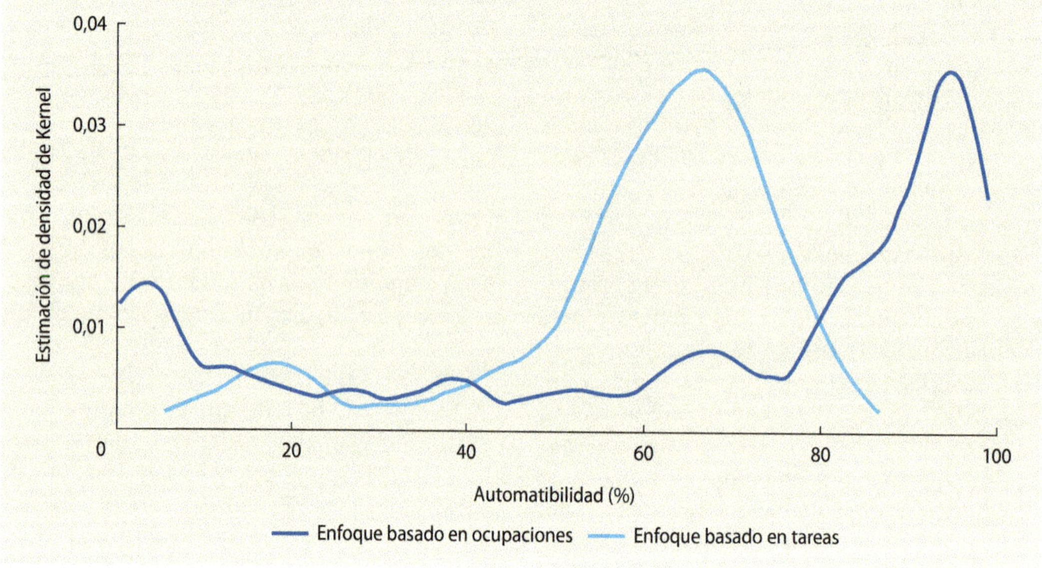

Fuente: Cálculos originales para esta publicación utilizando valores de Frey y Osborne (2017) y datos del programa de medición de habilidades STEP del Banco Mundial (https://microdata.worldbank.org/index.php/catalog/step/about) para Colombia.
Nota: En el enfoque basado en ocupaciones, los valores de Frey y Osborne se aplican a las ocupaciones de CIUO en los datos de STEP, utilizando ponderaciones idénticas para cada ocupación de SOC de seis dígitos dentro de la ocupación correspondiente de CIUO de dos dígitos.

Al igual que ocurre con los demás países de la muestra, el enfoque de Frey y Osborne (2017) produce una distribución bipolar. Sin embargo, en el caso de Bolivia se concentra más masa en la categoría de alto riesgo. El enfoque de Frey y Osborne arroja una estimación de que casi el 50 % de los trabajos desaparecerán por la automatización. Curiosamente, los resultados de Bolivia son bastante diferentes de los de Colombia y Chile. La distribución que se muestra en el gráfico 3.8 es más uniforme, con un pico relativamente pequeño cercano —aunque inferior— al punto de corte del 70 %. En consecuencia, la estimación del enfoque basado en tareas es menor que la correspondiente a Colombia, 16,7 %.

Aunque es difícil identificar todas las fuentes potenciales de las diferencias entre Colombia y Bolivia, hay dos factores que desempeñan un papel importante. En primer lugar, las estructuras ocupacionales de los dos países son diferentes (por ejemplo, el sector manufacturero es más grande en Colombia). En segundo lugar, la estructura de tareas dentro de las ocupaciones puede ser diferente. En particular, el conjunto de tareas que realizan los trabajadores dentro de una ocupación parece ser más heterogéneo en Bolivia, involucrando más tareas que son difíciles de automatizar.

Resultados de todos los países de América Latina y el Caribe

En esta sección se presenta una muestra más amplia de países para los cuales se imputaron probabilidades de automatización por ocupación, utilizando los resultados de Bolivia, Chile y Colombia.

La evaluación del número de puestos de trabajo en riesgo alto de ser automatizados en la muestra más grande de países se basa en los resultados obtenidos de las estimaciones para Bolivia, Chile y Colombia, y los resultados de Frey y Osborne (2017). Las probabilidades de riesgo estimadas por ocupación se emparejan con la estructura ocupacional de cada país,

GRÁFICO 3.8 **Distribución de la automatibilidad entre distintas metodologías, Bolivia**

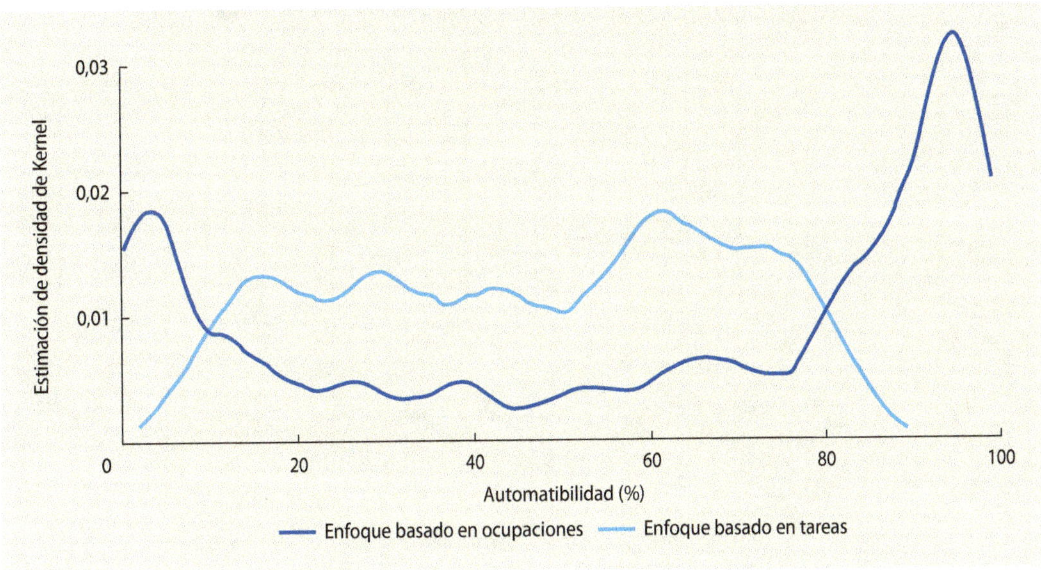

Fuente: Cálculos del equipo de investigación utilizando valores de Frey y Osborne y datos del programa de medición de habilidades STEP del Banco Mundial (https://microdata.worldbank.org/index.php/catalog/step/about) para Bolivia.
Nota: En el enfoque basado en ocupaciones, los valores de Frey y Osborne se aplican a las ocupaciones de CIUO en los datos de STEP, utilizando ponderaciones idénticas para cada ocupación de SOC de seis dígitos dentro de la ocupación correspondiente de CIUO de dos dígitos.

que se deriva de los datos armonizados de las encuestas de hogares de la Base de Datos Socioeconómicos para América Latina y el Caribe (SEDLAC) para 16 países de la región. Los resultados identifican el porcentaje de trabajadores dentro de una ocupación que tienen un alto riesgo de automatización de acuerdo con las metodologías y las bases de datos utilizadas. Por lo tanto, para cada país en la muestra, se presentan cuatro evaluaciones diferentes del número de empleos en alto riesgo: en primer lugar, las cifras derivadas del enfoque basado en ocupaciones de Frey y Osborne (2017); en segundo lugar, las probabilidades imputadas derivadas de Chile, utilizando la base de datos de PIAAC; y en tercer y cuarto lugar, las probabilidades derivadas del análisis de Bolivia y de Colombia, utilizando datos de STEP. En el caso de los tres países con datos relacionados con tareas, las cifras se basan en datos de encuestas (STEP y PIAAC) y, para la comparación entre países, se incluyen las cifras imputadas, combinadas con los datos de encuestas de hogares.

Al interpretar los resultados, es importante señalar que, dado que las probabilidades de automatización se imputan por ocupación, las diferencias entre los países se derivan únicamente de las diferentes estructuras ocupacionales. Así, por ejemplo, las diferencias entre las estimaciones de Frey y Osborne (2017) para Argentina y Uruguay son atribuibles a que Argentina tiene menos trabajadores empleados en ocupaciones que corren un mayor riesgo de ser automatizadas, según Frey y Osborne.

Los resultados muestran algunos patrones claros (véase el gráfico 3.9). Es evidente que el enfoque basado en ocupaciones produce sistemáticamente estimaciones más elevadas y, por lo tanto, podría interpretarse como un límite superior. En la muestra, las estimaciones entre países varían desde un mínimo del 45,1 % para Panamá hasta el 58 % para El Salvador; el promedio de la región es del 50 %. Ecuador, Honduras, México y El Salvador parecen tener más trabajadores empleados en ocupaciones que tienen más

GRÁFICO 3.9 **Riesgo de automatización por país de ALC, basado en cuatro metodologías**

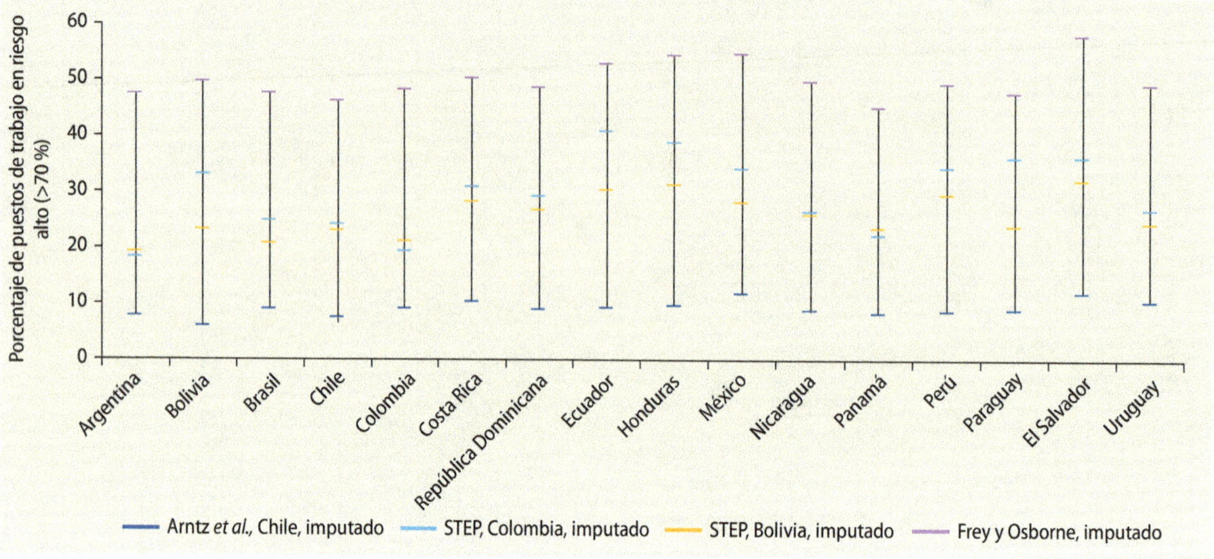

Fuentes: Cálculos originales para esta publicación utilizando datos de PIAAC 2016 de la OCDE (https://www.oecd.org/skills/piaac/); datos para Colombia y Bolivia del programa de medición de habilidades STEP del Banco Mundial (https://microdata.worldbank.org/index.php/catalog/step/about); encuestas de hogares SEDLAC, del CEDLAS y el Banco Mundial (https://datacatalog.worldbank.org/dataset/socio-economic-database-latin-america-and-caribbean).
Nota: Los cálculos del equipo de investigación siguen la metodología de Frey y Osborne (2016) y Arntz, Gregory y Zierahn (2016). Los números indican el porcentaje de puestos de trabajo en alto riesgo de ser automatizados, utilizando un punto de corte del 70 %, como es estándar en la literatura.

probabilidades de ser automatizadas. En el otro extremo, países como Argentina, Chile y Panamá parecen tener apenas menos puestos de trabajo en riesgo.

El empleo de probabilidades derivadas de la base de datos de PIAAC para Chile da como resultado las estimaciones más bajas de puestos de trabajo en riesgo, por lo que puede interpretarse como el límite inferior. Las estimaciones varían desde un mínimo del 6 % para Bolivia hasta un máximo del 12 % para El Salvador; el promedio para la región es del 9,2 %. De nuevo, Argentina y Chile son los países que se enfrentan a un riesgo por debajo del promedio, mientras que Ecuador, México, El Salvador y Uruguay presentan un mayor número de puestos de trabajo en riesgo.

La aplicación de estimaciones utilizando la base de datos de STEP para Colombia produce un rango más amplio que el de las dos metodologías anteriores. Los resultados indican que Argentina, con el 18,3 %, se enfrenta al menor número de puestos de trabajo, mientras que Ecuador registra la cifra más alta, con más del 40 % de la fuerza laboral en riesgo alto. Empleando esta metodología, el promedio para la región es del 29,8 %. Argentina, Chile y Colombia parecen estar significativamente por debajo del promedio regional, mientras que Ecuador, Honduras, México, Perú, Paraguay y El Salvador encabezan las clasificaciones de riesgo.

Por último, el uso de las cifras de la encuesta de STEP para Bolivia produce un rango que no es tan amplio como el de las cifras para Colombia. Una vez más, Argentina, con el 19,2 %, tiene el menor número de puestos de trabajo en riesgo, mientras que El Salvador registra el máximo, con el 32,2 %. El promedio regional es del 25,8 %. Los resultados indican que Argentina, Brasil y Colombia tienen el menor número de puestos de trabajo en riesgo, y Ecuador, Honduras y El Salvador tienen el mayor número de puestos de trabajo en riesgo.

Es evidente que el enfoque metodológico utilizado para evaluar cuántos puestos de trabajo están en riesgo de automatización es de vital importancia, y la elección no es inocua. El enfoque basado en ocupaciones desarrollado por Frey y Osborne (2017) produce consistentemente las mayores probabilidades, y el rango de estimaciones es pequeño y no varía significativamente con la estructura ocupacional de cada país. Según estas estimaciones, que se interpretan como un límite superior, alrededor del 50 % de los puestos de trabajo en la región de América Latina y el Caribe corren el riesgo de desaparecer por la automatización.

Más allá del enfoque metodológico, es evidente que la fuente de datos también es importante. El uso de diferentes encuestas, incluso si todas ellas estiman las habilidades y tareas en la fuerza laboral, también da lugar a diferentes estimaciones. La base de datos de PIAAC para Chile produce sistemáticamente las estimaciones más bajas para todos los países, y, de nuevo, el rango de las estimaciones es muy pequeño; prácticamente no se ve afectado por la estructura ocupacional de los países. Por lo tanto, los resultados basados en esta metodología y fuente de datos se interpretan como un límite inferior. En general, estos resultados sugieren que el miedo al desempleo tecnológico en masa es exagerado porque solo el 10 % de los puestos de trabajo podría estar en riesgo.

Los datos de las encuestas de STEP, que son comparables en su mayor parte, producen estimaciones similares al comparar las cifras del análisis de Bolivia o Colombia. Las excepciones son Bolivia, Ecuador y Paraguay, cuyas estimaciones difieren en más de 10 puntos porcentuales.

Sin embargo, si se atraviesan las distintas metodologías y fuentes de datos, surgen algunos patrones. Por ejemplo, algunos de los países más avanzados de la región, como Argentina y Chile, muestran constantemente el menor número estimado de puestos de trabajo en riesgo. En el extremo opuesto, países como Ecuador, Honduras y El Salvador, algunos de los países menos desarrollados de la región, presentan sistemáticamente un mayor número de puestos de trabajo en peligro. Parece, por consiguiente, que los niveles de desarrollo más altos están asociados con una estructura ocupacional en la que las tareas son más complejas o más difíciles de automatizar y, por lo tanto, dan lugar a un menor número de puestos de trabajo en riesgo. Esta conclusión debe ser motivo de gran inquietud para los países menos desarrollados de la región, que, según las estimaciones, enfrentan mayores riesgos de automatización.

Varios patrones emergen también del análisis empírico. Primero, el enfoque basado en ocupaciones produce una distribución bipolar que concentra la masa de trabajadores en la categoría de bajo riesgo y, sobre todo, en la categoría de alto riesgo. Las diferencias entre los tres países que constituyen el núcleo del análisis se deben únicamente a sus diferentes estructuras ocupacionales. Chile tiene la menor participación de trabajadores en riesgo con el 46,3 %, seguido por Colombia con el 48,3 % y Bolivia con el 49,7 %.

En segundo lugar, el riesgo de automatización está correlacionado negativamente tanto con la educación como con los ingresos (véase el gráfico 3.10, paneles a y b). Los resultados gráficos se confirman con el análisis estadístico. Los trabajadores que tienen un menor nivel educativo y ganan menos tienden a trabajar en ocupaciones que implican más tareas manuales y rutinarias, las mismas tareas asociadas con un alto grado de automatización. En cambio, los trabajadores más educados tienden a trabajar en ocupaciones que tienen una mayor intensidad de tareas cognitivas y analíticas, así como interacciones sociales complejas, como trabajo en equipo, negociación y resolución creativa de problemas.

Por último, aunque el enfoque basado en tareas produce una cantidad mucho menor de empleos con un alto riesgo de ser automatizados, los tres países presentan una masa significativa de trabajadores que están cerca del punto de corte. Esta conclusión sugiere que, aunque los puestos de trabajo podrían no estar en riesgo de desaparecer, serán muy

GRÁFICO 3.10 **Riesgo de automatización por características seleccionadas, región de ALC**

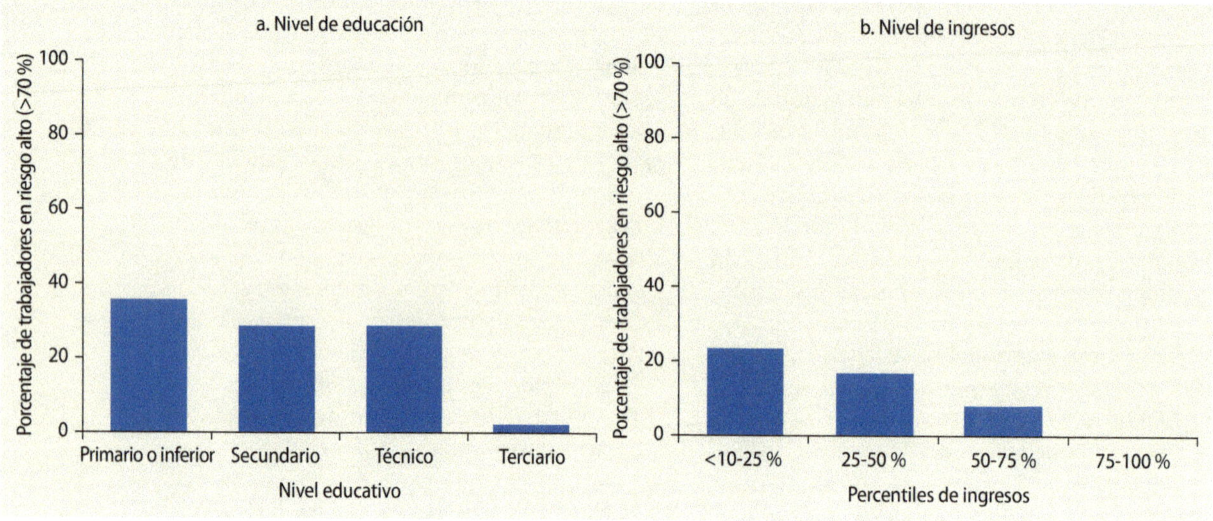

Fuentes: Cálculos originales para esta publicación utilizando datos de PIAAC 2016 de la OCDE (https://www.oecd.org/skills/piaac/); datos para Colombia y Bolivia del programa de medición de habilidades STEP del Banco Mundial (https://microdata.worldbank.org/index.php/catalog/step/about); encuestas de hogares SEDLAC, del CEDLAS y el Banco Mundial (https://datacatalog.worldbank.org/dataset/socio-economic-database-latin-america-and-caribbean).

susceptibles a la introducción de nuevas tecnologías. En otras palabras, hay muchos trabajadores cuya jornada laboral implica muchas tareas que serán automatizables en un futuro cercano. Por lo tanto, dichos trabajadores tendrán que adaptarse pronto a las nuevas tecnologías y cambiar su carga de tareas hacia tareas de mayor destreza, complejidad y cognición. Esto puede requerir habilidades y capacidades adicionales de parte de los trabajadores.

Perspectivas de futuro: plataformas digitales y la naturaleza del trabajo

El futuro puede traer consigo la aparición de otra posible alteración en los mercados de trabajo: el auge de las plataformas digitales como un nuevo medio para que los trabajadores oferten mano de obra. Para la mayoría de las innovaciones tecnológicas, estas plataformas pueden presentar oportunidades significativas, pero beneficiarse eficazmente de ellas también puede presentar desafíos significativos.

Uno de los aspectos positivos es que las plataformas digitales reducen el costo de entrada para los emprendedores y amplían el acceso a los grandes mercados. Con solo un teléfono móvil y acceso a la internet, cualquier empresario puede operar en los mercados locales, regionales e incluso globales. A su vez, las empresas exitosas pueden expandirse rápidamente y fomentar la creación de empleo. Este desarrollo puede ser particularmente importante y relevante para las comunidades rurales, donde el empleo fuera de las actividades agrícolas puede ser limitado. Un ejemplo de las enormes oportunidades para el desarrollo rural es la experiencia de las «aldeas Taobao» en China. En el Marketplace Taobao.com, han surgido muchos grupos de tiendas rurales en línea. Estos empresarios producen bienes, productos agrícolas y artesanías en función de sus nichos de competencias. Se estima que las aldeas Taobao han creado más de 1,3 millones de empleos en comunidades rurales (Banco Mundial, 2019, 39).

Las plataformas digitales no solo brindan beneficios para los empresarios que venden productos en línea, sino que también amplían el acceso al mercado para profesionales y proveedores de servicios. Los trabajadores pueden participar en múltiples plataformas en línea, por un costo de entrada relativamente bajo y por cuenta propia, y llegar a millones de clientes. Esta es una gran oportunidad para una región como América Latina y el Caribe, donde la mayoría de los países comparten el idioma y tienen antecedentes culturales e institucionales similares que pueden facilitar el comercio de servicios profesionales.

Desde la perspectiva de los consumidores, también hay muchos beneficios potenciales. Por un lado, una mayor competencia entre empresarios puede dar como resultado precios más bajos. Por el otro, los consumidores ahora pueden acceder a una mejor variedad y calidad de productos y servicios. Aparentemente, los consumidores confían en estas plataformas porque pueden fiarse de la certificación de marca y los comentarios de otros consumidores para tomar decisiones informadas.

Una de las principales oportunidades que brindan las plataformas digitales es la expansión de la oferta laboral, contribuyendo así al crecimiento regional. Aunque los datos son limitados, particularmente para los países en desarrollo, la mayoría de los trabajadores en las naciones avanzadas utilizan plataformas digitales para obtener ingresos secundarios. Los trabajadores tienen la flexibilidad y la autonomía para establecer sus propios horarios de acuerdo con sus necesidades y el horario de sus ocupaciones principales. Esta flexibilidad y autonomía podría ser particularmente importante para las mujeres que estén fuera de la fuerza de trabajo o tengan un horario limitado debido a sus obligaciones de cuidado del hogar.

En el contexto de la región de América Latina y el Caribe, otro beneficio potencial de las plataformas digitales es que las transacciones se realizan digitalmente y, por lo tanto, crean un registro electrónico. Esto, en principio, permitiría gravar estas operaciones, muchas de las cuales ocurren actualmente en el sector informal de la economía, evadiendo así los impuestos. Este problema no debe subestimarse porque las economías de América Latina y el Caribe están notoriamente limitadas fiscalmente, y los cambios en el mercado laboral pueden afectar a la sostenibilidad del sistema tradicional de seguro social, un tema que se analizará en breve con más detalle.

A pesar de todos los beneficios potenciales que ofrecen las plataformas digitales, estas presentan importantes desafíos para los responsables de la formulación de políticas. Naturalmente, la expansión del comercio digital requiere una infraestructura de conectividad a la internet confiable y asequible y una alta difusión de teléfonos móviles. Por lo tanto, el éxito en el comercio digital depende de que los países inviertan y expandan su infraestructura de telecomunicaciones, especialmente en las comunidades rurales, si los países desean replicar el éxito de las aldeas Taobao.

Otro desafío es establecer un marco regulador que establezca reglas claras y justas para todos los participantes. Entre otros problemas está la necesidad de establecer reglas claras sobre la propiedad de los datos y reglas de confidencialidad, tanto para los consumidores como para los proveedores en estas plataformas. También son importantes los estándares mínimos de calidad y las normas de seguridad. Además, los responsables de la formulación de políticas deberían establecer el marco jurídico para la tributación sobre transacciones dentro de las fronteras de su país, pero también para asuntos de responsabilidad y fiscalidad transfronteriza. Todos estos son ejemplos de la infraestructura reguladora que debe implementarse para fomentar el crecimiento inclusivo de las plataformas digitales y, al mismo tiempo, proteger a todos los participantes en estos mercados.

Por último, la mayor oferta de trabajo disponible a través de las plataformas digitales ha iniciado un debate importante sobre si considerar a estos trabajadores como empleados de la plataforma digital o como contratistas independientes o personas que trabajan por cuenta propia. Además, el aumento de estas formas alternativas de oferta laboral podría amenazar la sostenibilidad del modelo tradicional de seguro social. A medida que cada vez más trabajadores —tanto calificados como no calificados— participen en estas plataformas, el mecanismo de seguro social, que depende de las contribuciones de empleadores y empleados para financiar la protección social, se degradará lentamente. Desde la perspectiva de la región de América Latina y el Caribe, que ya tiene altos niveles de informalidad en el mercado laboral, esto es particularmente preocupante. Los responsables de la formulación de políticas en la región deben pensar de manera creativa sobre modelos alternativos de seguro social que no dependan de la financiación y los beneficios asociados a las relaciones formales entre empleadores y empleados. En otras palabras, los responsables de formular políticas deben definir el nivel de protección social y seguro que se proporcionará a los ciudadanos, independientemente de su situación laboral y su relación (es decir, empleado, contratista o trabajador por cuenta propia), y encontrar mecanismos alternativos de financiación que no dependan de la relación empleador-empleado.

Conclusiones e implicancias de política

En general, este análisis concluye que el riesgo de desempleo tecnológico en masa es bajo para las economías de América Latina y el Caribe. Además, el ritmo de adopción pausado de estas tecnologías sugiere que no es probable que ocurran cambios masivos en el trabajo durante la próxima década. Sin embargo, este análisis también sugiere que muchos puestos de trabajo se verán afectados y sufrirán transformaciones con la aparición de estas tecnologías. Y aunque es posible que estos puestos de trabajo no desaparezcan por completo, muchas de las tareas que realizan los humanos en la actualidad probablemente las desempeñarán las máquinas en el futuro. Los trabajadores interactuarán con más máquinas y tecnologías cada vez más complejas. Por lo tanto, necesitarán las capacidades y las habilidades para ajustarse a estas nuevas demandas.

Existe un creciente consenso de que la demanda de habilidades en el mercado laboral está cambiando. Estos cambios se han estado produciendo durante las últimas dos décadas en las economías avanzadas y también empiezan a producirse en los países en desarrollo que adoptan la tecnología. Dichos cambios se ven reforzados por las nuevas tecnologías que están emergiendo y amenazan con reemplazar a los humanos, principalmente en las tareas más sencillas y rutinarias que realizan en el trabajo.

Según el *Informe sobre el desarrollo mundial 2016: Dividendos digitales*, las habilidades necesarias para la economía moderna van más allá de las habilidades cognitivas fundamentales, como la alfabetización básica y la aritmética. Algunas de las habilidades más valoradas, que también tienen un riesgo bajo de automatización, son las no rutinarias y de orden superior. Estas habilidades están relacionadas con la capacidad de comprender conceptos complejos, aprender de la experiencia, adaptarse a nuevas situaciones y, en general, resolver problemas utilizando el pensamiento crítico. La demanda de habilidades interpersonales y socioemocionales no rutinarias también está en aumento. Como figura en el *Informe sobre el desarrollo mundial 2016*, «las habilidades socioemocionales (también llamadas habilidades no cognitivas o "blandas") abarcan una amplia gama de habilidades maleables, comportamientos, actitudes y rasgos de la personalidad, que permiten a los individuos navegar situaciones interpersonales y sociales de forma efectiva. Estas incluyen la determinación o la perseverancia para terminar un trabajo o lograr una meta a largo plazo, trabajar en equipo, puntualidad, organización, compromiso, creatividad y honestidad» (Banco Mundial, 2016, 213).

Como se ha revelado en este análisis y conforme a la literatura, la educación continúa siendo la herramienta más eficaz para asegurarse contra los riesgos de la automatización. Los trabajadores peor remunerados y menos capacitados que realizan las tareas más sencillas y rutinarias corren el mayor riesgo de ser reemplazados por máquinas. Al estar empleados en ocupaciones con salarios más bajos, en el corto plazo es menos probable que dichas tareas se automaticen porque los precios de los robots y las tecnologías de la automatización deben bajar aún más para que su adopción sea económicamente deseable. Sin embargo, en el medio y largo plazo, estas tareas cuentan con un riesgo alto de ser totalmente automatizadas.

Por lo tanto, la inversión en el capital humano de la fuerza laboral debería ser una prioridad para los responsables de la formulación de políticas. Invertir en la educación temprana genera el mayor rendimiento de las inversiones, y las ventajas crecen con el tiempo porque el aprendizaje y el desarrollo de habilidades son acumulativos. De hecho, Engle *et al.* (2011) señalan que 1 USD extra invertido en programas de educación temprana de calidad genera un rendimiento de 6-17 USD. Cuando se garantizan la calidad y el acceso, las inversiones en educación temprana también aumentan la equidad, y hay varios ejemplos de programas exitosos en la región de América Latina y el Caribe. Las transferencias de dinero en efectivo que fomentan la adopción de programas de educación temprana han favorecido el desarrollo lingüístico en Ecuador y México. El programa Crece Contigo de Chile integra servicios de salud, educación, bienestar y protección disponibles desde la primera atención prenatal de la madre.

Si bien la región de América Latina y el Caribe ha logrado progresos sustanciales en la mejora del acceso a la educación secundaria, la calidad de la educación sigue estando a la zaga de las naciones avanzadas y de los países en desarrollo de Asia oriental. Por lo tanto, la atención debe centrarse en aumentar la calidad de la enseñanza secundaria y en preparar a los estudiantes para que continúen sus estudios, ya sea en escuelas de oficios o en la universidad.

Mientras tanto, la demanda de habilidades cognitivas no rutinarias de orden superior está aumentando. La educación terciaria cada vez es más importante para el futuro del trabajo. No solo promueve la adquisición de habilidades técnicas necesarias para determinadas ocupaciones, sino que también fomenta el desarrollo de habilidades complejas de resolución de problemas, pensamiento crítico y comunicación avanzada, que son transferibles entre distintos puestos de trabajo y ocupaciones. La educación terciaria también desarrolla habilidades socioconductuales transferibles —como el trabajo en equipo, la resiliencia y la autoconfianza—, cuya demanda también ha aumentado en el mercado laboral. Los responsables de la formulación de políticas deberían centrarse en cómo mejorar el acceso y la calidad de los sistemas de educación terciaria (tanto escuelas de oficios como universidades) para mejorar las capacidades de la futura fuerza laboral. Para un análisis detallado del sistema terciario en la región de América Latina y el Caribe, consúltese el informe *At a Crossroads: Higher Education in Latin America and the Caribbean,* de Ferreyra *et al.* (2017).

Por último, a medida que se adopten las nuevas tecnologías de la automatización en los países de América Latina y el Caribe, la educación para adultos podría cobrar mayor relevancia. Aunque la cronología de la adopción de las tecnologías es incierta, es posible que las transformaciones en el lugar de trabajo se produzcan a mitad de la carrera de muchos trabajadores, que tendrán que adaptarse, en particular, cambiando el conjunto de tareas que realizan en el trabajo. Los Gobiernos deberían desarrollar programas que ayuden a los trabajadores a mejorar sus habilidades y volver a capacitarse para los nuevos trabajos, y minimizar sus costos de ajuste. Mientras tanto, el diseño de programas de educación para adultos debe tener en cuenta las limitaciones a las que a menudo se enfrentan los adultos en términos de tiempo, recursos económicos y demandas competitivas. Al mismo tiempo, la investigación en neurociencia y conducta ha descubierto que el cerebro adulto aprende de manera diferente.

El éxito de este tipo de programas ya implementados en la región es mixto. El programa argentino Entra21, que ofrece capacitación profesional y pasantías para adultos, observó un aumento del 40 % en los ingresos de sus participantes (J-PAL, 2017). En Perú, un programa de emprendimiento femenino no tuvo efectos significativos en el empleo. De manera similar, en la República Dominicana, el programa Juventud y Empleo no aumentó el empleo, aunque mejoró las habilidades no cognitivas y la formalidad laboral. La evidencia sugiere que los programas de educación para adultos tienen más éxito cuando están vinculados a oportunidades de empleo. Por lo tanto, los programas que incluyen contratos de aprendizaje y períodos de prácticas en colaboración con el sector privado generalmente tendrán efectos más duraderos y significativos. Por ejemplo, el programa colombiano Jóvenes en Acción, que combina la educación con la capacitación profesional en el puesto de trabajo, ha demostrado que la probabilidad de empleo formal e ingresos aumentan a corto plazo, y ha observado que los beneficios se mantienen en el tiempo.

Notas

1. Véanse, entre otros, Brynjolfsson y McAfee (2014); McKinsey Global Institute (2017); Banco Mundial (2016, 2019); Foro Económico Mundial (2018).
2. El fenómeno reciente de la polarización del mercado laboral ha sido documentado por Autor, Katz y Kearney (2008) y Autor y Dorn (2013) en Estados Unidos, y Goos y Manning (2007) en Reino Unido. La polarización laboral también se ha documentado en Alemania (Dustmann, Ludsteck y Schönberg, 2009; Spitz-Oener, 2006), y hay indicios de que es un fenómeno generalizado en los países europeos (Goos, Manning y Salomons, 2009; Michaels, Natraj y Van Reenen, 2013).
3. La encuesta de STEP (Habilidades para el Empleo y la Productividad) no está disponible para la región de América Latina y el Caribe.
4. Aplicando la encuesta de STEP, Dicarlo *et al.* (2016) muestran que el contenido de tareas en Estados Unidos y las economías en desarrollo es generalmente similar para las ocupaciones altamente calificadas, al mismo tiempo que varía enormemente para las ocupaciones basadas en rutinas.
5. Croacia, la República Checa, Estonia, Hungría, Letonia, Lituania, Polonia, Rumania, Eslovaquia y Eslovenia.
6. Muchas de las encuestas en la región son urbanas y, por lo tanto, subrepresentan el sector agrícola.
7. La ley de Moore sostiene que la potencia computacional se duplica cada 18 meses.
8. Si la demanda de un producto es inelástica, el aumento de la cantidad demandada no compensa completamente la caída de los precios y los ingresos. Si la demanda es elástica, el aumento de la demanda es proporcionalmente mayor que la caída de los precios, los ingresos aumentan y se contrata a más trabajadores para producir más unidades.
9. Las tecnologías de propósito general se definen como «profundas ideas o técnicas que tienen el potencial de producir importantes impactos en muchos sectores de la economía» (Wright, 2000).
10. Especialistas que ayudan a los proveedores de sitios web a mejorar su posicionamiento en las páginas de resultados de Google y otros motores de búsqueda.
11. Concretamente, se preguntó a los expertos: «¿Pueden las tareas de este puesto de trabajo especificarse suficientemente para que puedan desempeñarlas equipos controlados por computadoras de última generación (dependiente de la disponibilidad de macrodatos)?» (Frey y Osborne, 2017).
12. Para detalles técnicos, véase Beylis y Cuevas (2019).
13. Para detalles técnicos, consúltese Beylis y Cuevas (2019).

Referencias

Acemoglu, D., and D. H. Autor. 2011. "Skills, Tasks and Technologies: Implications for Employment and Earnings." *Handbook of Labor Economics* 4: 1043–171.

Aedo, C., J. Hentschel, J. Luque, and M. Moreno. 2013. "From Occupations to Embedded Skills: A Cross-Country Comparison." Policy Research Working Paper 6560. Washington, DC: World Bank.

Arntz, M., T. Gregory, and U. Zierahn. 2016. "The Risk of Automation for Jobs in OECD Countries: A Comparative Analysis." OECD Social, Employment, and Migration Working Paper 189. Paris: Organisation for Economic Co-operation and Development.

Artuc, E., L. Christiaensen, and H. Winkler. 2019. "Does Automation in Rich Countries Hurt Developing Ones? Evidence from US and Mexico." Policy Research Working Paper 8741. Washington, DC: World Bank.

Autor, D. H. 2014. "Skills, Education, and the Rise of Earnings Inequality among the 'Other 99 Percent.'" *Science* 344 (6186): 843–51.

Autor, D. H. 2015. "Polanyi's Paradox and the Shape of Employment Growth." In *Reevaluating Labor Market Dynamics*, Economic Policy Proceedings, 129–77. Kansas City, MO: Federal Reserve Bank of Kansas City.

Autor, D. H., and D. Dorn. 2009. "Inequality and Specialization: The Growth of Low-Skill Service Jobs in the United States." NBER Working Paper 15150. Cambridge, MA: National Bureau of Economic Research.

Autor, D. H., and D. Dorn. 2013. "The Growth of Low Skill Service Jobs and the Polarization of the US Labor Market." *American Economic Review* 103 (5): 1553–97.

Autor, D. H., and M. J. Handel. 2013. "Putting Tasks to the Test: Human Capital, Job Tasks, and Wages." *Journal of Labor Economics* 31 (S1): S59–S96.

Autor, D. H., L. F. Katz, and M. S. Kearney. 2006. "The Polarization of the U.S. Labor Market." *American Economic Review* 96 (2): 189–194.

Autor, D. H., L. F. Katz, and M. S. Kearney. 2008. "Trends in US Wage Inequality: Revising the Revisionists." *Review of Economics and Statistics* 90 (2): 300–23.

Autor, D. H., F. Levy, and R. J. Murnane. 2003. "The Skill Content of Recent Technological Change: An Empirical Exploration." *Quarterly Journal of Economics* 118 (4): 1279–333.

Basker, E. 2015. "Change at the Checkout: Tracing the Impact of a Process Innovation." *Journal of Industrial Economics* 63 (2): 339–70.

Bessen, J. E. 2016. "How Computer Automation Affects Occupations: Technology, Jobs, and Skills." Law and Economics Research Paper 15–49, Boston University School of Law.

Beylis, G., and M. I. Paz Cuevas de Saint Pierre. 2020. "Measuring Job Loss Risk to Automation in LAC: Methods and Data Sources." Background technical paper. Washington, DC: World Bank.

Bolt, J., R. Inklaar, H. de Jong, and J. Luiten van Zanden. 2018. "Rebasing 'Maddison': New Income Comparisons and the Shape of Long-run Economic Development." Maddison Project Working Paper 10. Groningen, The Netherlands: Groningen Growth and Development Centre (GGDC).

Bonnefon, J. F., A. Shariff, and I. Rahwan. 2016. "The Social Dilemma of Autonomous Vehicles." *Science* 352 (6293): 1573–76.

Brynjolfsson, E., and A. McAfee. 2014. *The Second Machine Age: Work, Progress, and Prosperity in a Time of Brilliant Technologies.* New York: Norton.

Cirera, X., and W. F. Maloney. 2017. *The Innovation Paradox: Developing-Country Capabilities and the Unrealized Promise of Technological Catch-Up*. Washington, DC: World Bank.

Dicarlo, E., S. Lo Bello, S. Monroy-Taborda, A. M. Oviedo, M. L. Sanchez Puerta, and I. V. Santos. 2016. "The Skill Content of Occupations across Low and Middle Income Countries: Evidence from Harmonized Data." IZA DP7 (102240).

Duernecker, G., and B. Herrendorf. 2017. "Structural Transformation of Occupation Employment." https://economicdynamics.org/meetpapers/2017/paper_1239.pdf.

Dustmann, C., J. Ludsteck, and U. Schönberg. 2009. "Revisiting the German Wage Structure." *Quarterly Journal of Economics* 124 (2): 843–81.

Eden, M., and P. Gaggl. 2015. "On the Welfare Implications of Automation." Policy Research Working Paper 7487. Washington, DC: World Bank.

Engle, P. L., L. C. H. Fernald, H. Alderman, J. R. Behrman, C. O'Gara, A. Yousafzai, M. Cabral de Mello, et al. 2011. "Strategies for Reducing Inequalities and Improving Developmental Outcomes for Young Children in Low-Income and Middle-Income Countries." *Lancet* 378 (9799): 1339–53.

Ferreyra, M., C. Avitabile, J. Botero Álvarez, F. Haimovich Paz, and S. Urzúa. 2017. *At a Crossroads: Higher Education in Latin America and the Caribbean*. Washington, DC: World Bank.

Frey, C. B., and M. A. Osborne. 2017. "The Future of Employment: How Susceptible Are Jobs to Computerisation?" *Technological Forecasting and Social Change* 114 (January): 254–80.

Goos, M., and A. Manning. 2007. "Lousy and Lovely Jobs: The Rising Polarization of Work in Britain." *Review of Economics and Statistics* 89 (1): 118–33.

Goos, M., A. Manning, and A. Salomons. 2009. "Job Polarization in Europe." *American Economic Review* 99 (2): 58–63.

Goos, M., A. Manning, and A. Salomons. 2014. "Explaining Job Polarization: Routine-Biased Technological Change and Offshoring." *American Economic Review* 104 (8): 2509-26.

Hardy, W., R. Keister, and P. Lewandowski. 2016. "Technology or Upskilling? Trends in the Task Composition of Jobs in Central and Eastern Europe." HKUST IEMS Working Paper No. 2016–40, BS Working Paper Series. Warsaw, Poland: Institute of Structural Research (IBS).

Hardy, W., R. Keister, and P. Lewandowski. 2018. "Educational Upgrading, Structural Change and the Task Composition of Jobs in Europe." *Economics of Transition* 26 (2): 201–31.

J-PAL (Abdul Latif Jameel Poverty Action Lab). 2017. "Skills Training Programmes." Cambridge, MA, August.

Maloney, W. F., and C. Molina. 2016. "Are Automation and Trade Polarizing Developing Country Labor Markets, Too?" Washington, DC: World Bank.

McKinley, R. A., ed. 1958. *The City of Leicester: A History of the County of Leicester.* Vol 4. Victoria County History Series. Martlesham, Suffolk, UK: Boydell and Brewer.

McKinsey Global Institute. 2017. "Jobs lost, Jobs Gained: Workforce Transitions in a Time of Automation." December.

Messina, J., A. M. Oviedo, and G. Pica. 2016. "Job Polarization in Latin America." Unpublished paper. Washington, DC: World Bank.

Michaels, G., A. Natraj, and J. Van Reenen. 2013. "Has ICT Polarized Skill Demand? Evidence from Eleven Countries over 25 Years." *Review of Economics and Statistics* 96 (1): 60–77.

Minnesota Population Center. 2019. Integrated Public Use Microdata Series, International: Version 7.2 (data set). Minneapolis, MN: IPUMS. https://doi.org/10.18128/D020.V7.2.

Spitz-Oener, A. 2006. "Technical Change, Job Tasks, and Rising Educational Demands: Looking Outside the Wage Structure." *Journal of Labor Economics* 24 (2): 235–70.

Susskind, D., and R. Susskind. 2015. *Professions: How Technology Will Transform the Work of Human Experts.* Oxford, UK: Oxford University Press.

Thierer, A., and R. Hagemann. 2015. "Removing Roadblocks to Intelligent Vehicles and Driverless Cars." *Wake Forest Journal of Law and Policy* 5: 339.

World Bank. 2016. *World Development Report 2016: Digital Dividends.* Washington, DC: World Bank.

World Bank. 2019. *World Development Report 2019: The Changing Nature of Work.* Washington, DC: World Bank.

World Economic Forum. 2018. *The Future of Jobs Report 2018.* Cologny, Switzerland.

Wright, G. 2000. "Review of Helpman (1998)." *Journal of Economic Literature* 38 (March): 161–62.

Zeng, K. 1973. *Zhongguo tie lu shi [The History of Chinese Railway Development].* Vol. 1. Taipei, Taiwan, China: Wenhai Press.

Conclusiones 4

La región de América Latina y el Caribe afronta importantes retos. Después de una década de rápido crecimiento y mejoras notables en los indicadores sociales, el crecimiento se ha estancado y las condiciones externas no parecen ser favorables, al menos a corto y mediano plazo. Los flujos comerciales han perdido impulso en medio de elevadas tensiones, la IED ha disminuido, las condiciones de financiamiento se están endureciendo y todo esto está sucediendo en el contexto de condiciones fiscales vulnerables para los Gobiernos de la región. Se espera que los precios de los productos primarios, que ayudaron a impulsar el crecimiento durante la llamada Década Dorada (2003-13), se mantengan estables en el corto y mediano plazo. Por lo tanto, la región necesita encontrar fuentes internas de crecimiento, lo que sugiere que se debería dar prioridad a un programa de reformas centrado en el crecimiento de la productividad.

Al mismo tiempo, el mundo se enfrenta a las grandes oportunidades y retos que surgen con las nuevas tecnologías de la Cuarta Revolución Industrial. La aparición de las tecnologías de la automatización, que amenazan con destruir un número sustancial de puestos de trabajo y provocar un desempleo masivo, plantea especial inquietud entre los responsables de la formulación de políticas y los trabajadores. Aunque este informe observa que el «desempleo tecnológico» masivo —como se ha denominado a estas inquietudes— es poco probable, el mercado laboral está experimentando una gran transformación y es necesaria una respuesta urgente por parte de los Gobiernos para preparar a la fuerza laboral del futuro.

Transformación estructural: pasado y futuro

En la región de América Latina y el Caribe, la transformación estructural ha contribuido negativamente al crecimiento de la productividad. La participación relativa del empleo en los servicios —el sector con la tasa más baja de crecimiento de la productividad— ha aumentado significativamente. De hecho, este análisis concluye que, de acuerdo con los resultados de Rodrik (2016), la trayectoria de transformación estructural seguida por los países de América Latina y el Caribe es sistemáticamente diferente de la trayectoria seguida en el pasado por los que actualmente son países desarrollados. En concreto, la región está entrando en la fase de desindustrialización con mayor anticipación (con niveles más bajos del PIB per cápita) y alcanzando picos más bajos de participación industrial con relación a los países desarrollados. Esta «desindustrialización prematura» es preocupante porque el sector industrial tiene el nivel de productividad laboral más alto y la tasa de crecimiento de la productividad más alta en la mayoría de los países. Cuando ocurre la desindustrialización prematura, la mano de obra se desplaza del sector industrial a sectores de menor crecimiento de la productividad, generalmente los servicios, reduciendo la productividad general (la llamada enfermedad de costos de Baumol), con consecuencias negativas para el crecimiento del ingreso real y las condiciones de vida.

De este análisis del proceso de transformación estructural de nueve economías de América Latina y el Caribe con diferentes niveles de desarrollo emergen tres características. La primera es la heterogeneidad significativa entre los países de la muestra. Las economías más desarrolladas —Argentina y Chile— han estado desindustrializándose durante décadas. Brasil, Colombia y México muestran estancamientos o ligeros aumentos en su participación del empleo industrial. El país menos desarrollado de la muestra, Bolivia, todavía se encuentra en fase de desarrollo de la industrialización. En segundo lugar, el proceso de desindustrialización es más pronunciado en las participaciones del empleo que en las participaciones del valor agregado. Al igual que en el caso de Estados Unidos, esta característica es indicativa del rápido crecimiento de la productividad laboral en este sector. Tercero, la desindustrialización prematura no implica necesariamente una contracción del sector industrial; el número absoluto de puestos de trabajo en dicho sector —a diferencia de la participación del empleo— se ha mantenido bastante estable o incluso ha aumentado en la mayoría de las economías de América Latina y el Caribe.

¿Cuáles son las implicancias de los cambios en la industrialización para el futuro? La aparición de nuevas tecnologías sugiere que es probable que las oportunidades para una mayor industrialización (o reindustrialización) sean limitadas en muchos países en desarrollo. Aumentarán los requisitos en materia de infraestructura y habilidades complementarias, y se prevé que las cadenas globales de valor se acorten, reduciendo las oportunidades de entrada. Para seguir siendo competitivas, las empresas necesitarán adoptar muchas de estas nuevas tecnologías, que tienden a ahorrar mano de obra. En general, es probable que el sector industrial continúe contribuyendo positivamente al crecimiento de la productividad agregada y al valor agregado, pero no tanto a la creación de empleo, especialmente de mano de obra no calificada.

Esto no quiere decir que los responsables de la formulación de políticas deban ignorar el sector industrial. La evidencia de este análisis muestra claramente que persisten distorsiones significativas en el sector. Esto se refleja en una distribución de empresas por tamaño sesgada, en la que muchas empresas en la región de América Latina y el Caribe siguen siendo pequeñas con relación a lo que se observa en Estados Unidos. Las políticas que fomentan la competencia internacional dentro de la región y a nivel mundial deben recibir prioridad. También es necesario modificar las políticas que dependen del tamaño y que desincentivan el crecimiento de las empresas e incentivan la informalidad. Los responsables de la formulación de políticas deben promover la adopción de la tecnología, mejorar el entorno empresarial y proporcionar la infraestructura de telecomunicaciones, transporte y logística necesaria para que las empresas crezcan. Los Gobiernos también deben continuar invirtiendo en el desarrollo del capital humano, con especial atención en las habilidades técnicas y socioemocionales que exigirá el sector industrial moderno.

Dicho esto, la región se enfrenta a un futuro en el que el sector servicios continuará creciendo y será la principal fuente de creación de empleo. Mientras tanto, la región tendrá que remediar la falta de comprensión del complejo papel que desempeña el sector servicios en la productividad, el valor agregado y la creación de empleo. A nivel agregado, el sector servicios muestra un menor crecimiento de la productividad que el sector industrial. Sin embargo, el sector está compuesto por un conjunto muy diverso de subsectores que difieren significativamente en sus niveles de productividad y tasas de crecimiento e incluso en el uso de mano de obra calificada. En muchos países, algunos subsectores del sector servicios —como las telecomunicaciones, las finanzas y la logística— son más productivos e intensivos en habilidades que la manufactura y comparten cada vez más características favorables al desarrollo, que antes se consideraban exclusivas de la manufactura. Los rápidos avances en las TIC han permitido la aparición de sectores de servicios que ya no están restringidos por el tamaño del mercado porque cada vez más servicios pueden ser almacenados digitalmente, codificados y comercializados (Ghani y Kharas, 2010). Mientras tanto, la desregulación de los mercados de servicios ha estado acompañada de grandes entradas de IED. Por ello, ciertos subsectores del sector servicios se parecen cada vez más al sector industrial, con exposición al comercio y las entradas de IED, lo que permite una mayor competencia, difusión tecnológica y beneficios de escala.

Muchos de estos servicios se están convirtiendo en insumos fundamentales para los procesos industriales y agrícolas, con numerosos encadenamientos hacia adelante con otros sectores y un enorme potencial para mejorar la productividad agregada. De hecho, nueva evidencia apunta a una «servicificación» del sector manufacturero; es decir, la industria manufacturera está aumentando la participación de servicios utilizados en el proceso de producción (servicios incorporados), además de agrupar más servicios de venta y posventa en la venta de bienes (servicios integrados). La reducción de las distorsiones en el mercado intermedio de servicios podría tener un impacto importante en el tamaño del sector industrial. Los cálculos indican que dicho sector podría aumentar de 2 a 3,5 puntos porcentuales si las distorsiones en el mercado de servicios se redujeran a su mínimo histórico.

Mientras tanto, la formulación de políticas sobre la cadena de valor, además de políticas específicas del sector, desempeñará un papel cada vez más significativo; es decir, los responsables de la formulación de políticas podrían tener un mayor impacto en la productividad agregada por medio de un mayor entendimiento sobre cómo interactúan entre sí los sectores (en lugar de estudiarlos de manera aislada, el enfoque tradicional). También es importante reconocer que la ampliación de los servicios básicos puede verse limitada no solo por las distorsiones propias de cada sector que impiden que la competencia y la innovación se produzcan a un ritmo rápido, sino también por la disponibilidad de trabajadores calificados, ya que dichos sectores son muy intensivos en mano de obra calificada.

Perspectivas de futuro

De cara al futuro, la región de América Latina y el Caribe debería desarrollar un programa de productividad centrado especialmente en el sector servicios. Se espera que este sector, que ya es el mayor empleador de la región con más del 60 % de la fuerza laboral, crezca aún más y que desempeñe un papel cada vez más importante como proveedor de insumos para la economía en general. En resumen, se necesita un conjunto completo de políticas orientadas al sector servicios.

Los responsables de la formulación de políticas deberían dar prioridad a la inversión en la recopilación de datos y el análisis de las empresas del sector servicios ante la falta de datos disponibles referentes al sector. Comprender los problemas específicos del sector sobre la distribución de empresas por tamaño, la dinámica, las barreras de entrada, la falta de competencia y las restricciones al comercio es esencial para formular políticas que puedan explotar el potencial del crecimiento de la productividad en este sector.

Además, es importante fomentar la competencia y simplificar la normativa en el sector servicios. Los Gobiernos podrían incorporar el comercio de servicios en los acuerdos de integración regional y trabajar con miras a establecer licencias y acreditaciones comunes para que los trabajadores y las empresas puedan operar en toda la región. Con la aparición de las plataformas digitales que permiten a los trabajadores ofrecer mano de obra a distancia y sin los límites impuestos por las fronteras, el establecimiento de marcos normativos regionales comunes podría estimular importantes aumentos de la productividad en toda la región e impulsar la creación de nuevas actividades empresariales y puestos de trabajo.

En lo que respecta al futuro del trabajo, tres grandes fuerzas económicas están cambiando la naturaleza del trabajo y la demanda de habilidades. En primer lugar, la transformación estructural y el prematuro proceso de desindustrialización descritos en el presente informe implican que la creación de empleo en el futuro se concentrará en el sector servicios. En segundo lugar, el cambio de la estructura económica viene acompañado de una transformación de la estructura ocupacional dentro de amplios sectores de la economía. Las ocupaciones de servicios —aquellas que producen un valor agregado intangible— están aumentando en todos los sectores, lo que implica un enorme cambio en la demanda de habilidades en el mercado laboral. En tercer lugar, dado que las tareas más sencillas y rutinarias se automatizarán y las máquinas se ocuparán de ellas, los trabajadores deberán adaptarse y realizar un conjunto diferente de tareas. De acuerdo con la evidencia empírica de otros países, durante el período 2001-13 de este análisis, en la región de América Latina y el Caribe ha habido una disminución de la demanda de tareas manuales rutinarias y un aumento de la demanda de tareas no rutinariass, tanto cognitivas y analíticas (como el pensamiento crítico, la creatividad y la resolución de problemas) como interpersonales (como el trabajo en equipo, la negociación o la gestión).

Según el análisis del número potencial de puestos de trabajo en alto riesgo de automatización en la región, parece que los temores al desempleo tecnológico masivo son en gran medida infundados. Las estimaciones, no obstante, varían ampliamente dependiendo de la metodología utilizada. Sin embargo, muchas ocupaciones se verán afectadas y transformadas por las tecnologías emergentes. Aunque es posible que el número total de puestos de trabajo no caiga drásticamente, muchas de las tareas que los trabajadores realizan en la actualidad probablemente en el futuro serán competencia de las máquinas. Los trabajadores interactuarán con más máquinas y se espera que comprendan tecnologías cada vez más complejas. Esto implica que los puestos de trabajo y tareas del futuro requerirán capacidades y habilidades diferentes y de orden superior.

Tanto el *Informe sobre el desarrollo mundial 2019: La naturaleza cambiante del trabajo* (Banco Mundial, 2019) como este análisis concluyen que la educación ofrece el mejor seguro para los riesgos de automatización. Los trabajadores peor remunerados y menos capacitados que realizan las tareas más sencillas y rutinarias corren el mayor riesgo de ser reemplazados por máquinas. Estos resultados apuntan a una conclusión clara: la inversión en el capital humano de la fuerza laboral debería ser una prioridad para los responsables de la formulación de políticas. Aunque invertir en la educación temprana genera el mayor rendimiento de la inversión (Banco Mundial, 2019), aún hay margen para mejorar en todas las dimensiones del sistema educativo.

Lo que podría llegar a ser más importante a medida que se adopten las nuevas tecnologías de la automatización en los países de América Latina y el Caribe es la educación para adultos y los programas de capacitación laboral. Es posible que las transformaciones en el lugar de trabajo ocurran a mitad de la carrera de muchos trabajadores. Estos deberán adaptarse y ajustarse; en particular, cambiando el conjunto de tareas que realizan en el trabajo. Para minimizar los costos de ajuste asumidos por los trabajadores, los Gobiernos deberían apoyar programas que ayuden a los trabajadores a mejorar sus habilidades y capacitarse para estos nuevos puestos de trabajo y tareas.

La aparición de las plataformas digitales es otra posible perturbación de los mercados laborales. Uno de los aspectos positivos es que las plataformas digitales pueden ampliar considerablemente el acceso a nuevos mercados, creando oportunidades para los empresarios, que a su vez pueden crear nuevos puestos de trabajo. Los consumidores obtendrán acceso a una variedad más amplia de productos, a productos de mejor calidad y a precios más competitivos gracias a una competencia mejorada. Los trabajadores, especialmente las mujeres, podrían descubrir que dichas plataformas les proporcionan la autonomía y la flexibilidad que necesitan de acuerdo con sus necesidades y limitaciones particulares.

Sin embargo, para que estos beneficios se materialicen plenamente, es necesario superar varios obstáculos normativos y de infraestructura. Es evidente que el acceso a un servicio de banda ancha asequible y fiable es una condición indispensable para el éxito de las plataformas digitales. La infraestructura logística es también necesaria para permitir el transporte eficiente y asequible de bienes a nivel nacional y entre países. Asimismo, es necesario un marco regulador que establezca normas claras y justas sobre privacidad, propiedad de datos, seguridad y estándares mínimos de calidad.

De los resultados de este análisis también emerge una cuestión importante: la sostenibilidad de los modelos tradicionales de protección social. El crecimiento del empleo en el sector servicios, como resultado de la transformación estructural y la aparición de nuevas tecnologías que fomentan acuerdos laborales alternativos —como los contratistas independientes y el trabajo por cuenta propia— tienen importantes implicancias para dicho modelo. De cara al futuro, parece que cada vez se suministrará menos mano de obra a través de la tradicional relación entre empleador y empleado. Para una región que ya tiene dificultades con una alta informalidad en el mercado laboral, estas tendencias plantean un serio desafío al modelo tradicional de protección social que se financia con las contribuciones de empleadores y empleados.

Los responsables de la formulación de políticas en la región deben pensar de manera creativa en modelos alternativos de seguro social que no dependan de la financiación y los beneficios vinculados a las relaciones formales entre empleadores y empleados. En otras palabras, los responsables de la formulación de políticas deben definir el nivel de protección social y seguro que se proporcionará a los ciudadanos, independientemente de su situación laboral y su relación (empleado, contratista, autónomo), y encontrar mecanismos alternativos de financiación que no dependan de la relación entre empleadores y empleados. Aunque no hay soluciones claras y obvias, los responsables de la formulación de políticas de la región deben comenzar a abordar este asunto con urgencia y creatividad.

Referencias

Ghani, E., and H. Kharas. 2010. "The Service Revolution." Brief 54595. Washington, DC: World Bank.

Rodrik, D. 2016. "Premature Deindustrialization." *Journal of Economic Growth* 21 (1): 1–33.

World Bank. 2019. *World Development Report 2019: The Changing Nature of Work.* Washington, DC: World Bank.

AUDITORÍA AMBIENTAL

Declaración sobre los beneficios para el medio ambiente

El Banco Mundial ha asumido el compromiso de reducir su huella ambiental. Por lo tanto, sacamos provecho de las opciones de publicación electrónica y de las tecnologías de impresión a demanda, instaladas en centros regionales de todo el mundo. Esto permite reducir las tiradas y las distancias de los envíos, con lo que disminuyen el consumo de papel, el uso de productos químicos, las emisiones de gases de efecto invernadero y los desechos. Seguimos las normas recomendadas por Green Press Initiative para el uso del papel. La mayoría de nuestros libros están impresos en papel certificado por el Consejo de Administración Forestal (FSC), y casi todos contienen entre un 50 % y un 100 % de papel reciclado. Las fibras recicladas del papel de nuestros libros no están blanqueadas, o bien se ha utilizado un blanqueo totalmente libre de cloro (TCF) o procesado sin cloro (PCF) o mejorado sin cloro elemental (EECF). Para obtener más información sobre la filosofía ambiental del Banco, visite http://www.worldbank.org/corporateresponsibility.

green press INITIATIVE